JÜRGEN KUCZYNSKI

VOM KNÜPPEL ZUR AUTOMATISCHEN FABRIK

Eine Geschichte der menschlichen Gesellschaft

Geschrieben in Berlin, Deutsche Demokratische Republik
Erstausgabe erschienen beim Kinderbuchverlag Berlin

Verlag Das Freie Buch GmbH
Tulbeckstraße 4f · 80339 München
www.VerlagDasFreieBuch.de
Printed in the Federal Republic of Germany
Verlag und Vertrieb früherer Auflagen:
Verlag zur Förderung der wissenschaftlichen Weltanschauung

München 2022

ISBN 3-00-013521-9

INHALTSVERZEICHNIS

ERSTES KAPITEL

Der Knüppel und die Urgemeinschaft

Affe oder Mensch

Früher, vor vielen Millionen Jahren, waren die Vorfahren der Menschen noch Tiere. Im Laufe der Zeit änderten sie sich, wurden menschenähnlicher, bis sie wirkliche Menschen geworden.

Woran merkt man nun, daß sie Menschen geworden sind?

Manche Forscher glaubten, man könne ihre Menschwerdung lediglich an ihrem Kopf erkennen, am Knochenbau des Schädels oder an dem, was im Kopf steckte, am Gewicht des Gehirns, an seiner Größe. Aber das ist nicht richtig. Das wesentlichste Unterscheidungsmerkmal des Menschen vom Tier ist, wie Marx und Engels entdeckt haben: Der Mensch arbeitet. Und zwar arbeitet er mit Werkzeugen; die Werkzeuge aber werden mit der Hand benutzt.

Um die Hand nun für die Werkzeuge frei zu haben, muß der Mensch auf sie als Fortbewegungsmittel verzichten, er darf sie nicht zum Laufen benutzen, er darf nicht auf allen vieren, er muß aufrecht gehen. Je häufiger der Mensch ein Werkzeug benutzt, desto häufiger muß er aufrecht gehen, desto seltener wird er die Hand zum Laufen oder Klettern benutzen.

Sogleich erkennen wir die ungeheure Bedeutung des Werkzeugs. Keine wirkliche Arbeit ohne Werkzeug. Nur durch das Werkzeug bildet sich die Hand; je häufiger der Mensch ein Werkzeug benutzt und je mehr Werkzeuge der Mensch benutzt, desto geschickter wird seine Hand, desto mehr Arbeitserfahrungen sammelt er, desto klüger wird er, desto kräftiger entwikkelt sich sein Gehirn, desto mehr Gedanken hat er.
Die beiden ersten Werkzeuge, die der Mensch benutzte, waren wohl der Knüppel und der Stein. Ihre Nutzung machte ihn überhaupt erst zum Menschen.
Aber wenn wir zwei affenartige Geschöpfe auf einem Bild sehen, die sich nicht unähnlich sind, und die beide einen Stock oder einen Stein benutzen, zum Beispiel, um eine Nuß aufzuschlagen, dann wissen wir immer noch nicht, ob das Menschen zu Beginn ihrer Entwicklung sind oder noch Tiere, oder ob das eine ein Mensch ist und das andere ein Tier.
Tiere haben nämlich keinen Plan, sie handeln instinktmäßig, Menschen aber haben, bevor sie handeln, bereits eine Vorstellung davon, was dabei herauskommen soll. Und auf dem Bild erkennt man natürlich nicht, ob die affenähnlichen Geschöpfe im Kopf einen Plan haben oder nicht. Darum wissen wir auch nicht, ob der Stock oder der Stein richtige Werkzeuge sind.
Denn Werkzeuge werden immer dazu benutzt, um irgend etwas zu schaffen, um etwas herzustellen, um etwas zu produzieren, was der Mensch sich vorher vorstellt, was er plant. Darum nennt man die Werk-

zeuge auch Produktionsinstrumente oder Produktionsmittel oder Produktivkräfte – Kräfte, die produzieren, die etwas Neues, Nützliches schaffen. Aber nicht nur die Werkzeuge sind Produktivkräfte. Natürlich ist auch der Mensch mit seiner Hand, die die Werkzeuge hält und lenkt, und mit seiner Erfahrung im Halten und Lenken von Werkzeugen, mit seiner Arbeitserfahrung eine Produktivkraft.
Das Wort Produktivkraft ist eines der wichtigsten wissenschaftlichen Worte, das man sich unbedingt merken muß. Denn wie es heißt »Übung macht den Meister«, so kann man auch sagen »Produktivkräfte machen Geschichte und Gesellschaften«. Je größer die Produktivkräfte, desto fortgeschrittener ist das Leben der Menschen. Am größten sind die Produktivkräfte in der kommunistischen Gesellschaft, und darum ist die kommunistische Gesellschaft auch die fortgeschrittenste, die beste.

Erster Reichtum

Die ersten Werkzeuge, die der Mensch benutzte, Knüppel und Steine, nahm er, wie er sie im Wald oder auf der Wiese fand, und wenn er sie gebraucht hatte, warf er sie wieder fort. Sicherlich dauerte es viele tausend Jahre, bis er auf den Gedanken kam, einen besonders spitzen Stein oder einen besonders harten und glatten Knüppel zur weiteren Benutzung aufzubewahren.

Ein Werkzeug mehrmals zu benutzen, scheint uns heute selbstverständlich. Aber vor vielen hunderttausend Jahren war das eine ganz neue Idee, die das Leben der Menschen grundlegend veränderte. Wenn man nämlich Werkzeuge, das heißt Produktionsmittel, aufbewahrt, dann entsteht etwas ganz Neues in der Gesellschaft, nämlich Eigentum, Reichtum.
Vorher besaß man nichts, womit man produzieren konnte – man suchte es und warf es wieder weg. Jetzt heben die Menschen sich etwas zum Produzieren auf. Darum meinen manche Forscher, daß erst jetzt der wirkliche Mensch da ist; vorher sei er nur eine Art Vormensch gewesen.
Es entsteht Eigentum an Werkzeugen, Gruppeneigentum, gesellschaftliches Eigentum, das heißt: Die Werkzeuge, die Produktionsmittel, gehören der ganzen Gruppe von fünfzehn bis zwanzig Menschen, die damals zusammenlebten und auf der Suche nach Nahrung durch das Land zogen.
Aber damit können wir noch nicht viel anfangen. Wir können noch nicht verstehen, wie sich das Leben der Menschen dadurch wesentlich ändern soll. Inwiefern bringen der besonders harte und glatte Knüppel und der besonders spitze Stein, die von einem Tag zum anderen aufbewahrt werden, eine solche Änderung im Leben der Menschen hervor? Inwiefern wandelt das Eigentum das gesellschaftliche Leben?
Die Schaffung von Gruppeneigentum an ausgesuchten Knüppeln und Steinen bedeutete, daß die Menschen

ein wenig besser, ein wenig schneller mit ihnen arbeiten können, daß sie sich ihre Nahrung leichter und dadurch mehr Nahrung verschaffen können. Denn weniger oft zerbrach der Knüppel, häufiger tötete der spitze Stein, statt harmlos am flüchtigen Tier abzuprallen. Also der bessere Knüppel, der bessere Stein sind geeigneter für die Arbeit, weil sie die Arbeit erleichtern. Sie geben den Menschen die Möglichkeit, die Produktion zu erhöhen, weil sie eben eine größere Produktivkraft darstellen.

Durch die bessere Ernährung wurden die Menschen kräftiger und gesünder, und sie lebten etwas länger. Vielleicht konnten auch schon mehr Menschen zusammenleben und bildeten nicht mehr nur die allerengsten Verwandten, die Kinder und Enkel von einer Frau, eine große Familie, eine Gruppe, sondern die von zwei Frauen.

Die Kinder, die besser genährt waren, konnten schon früher, und die alten Menschen, die gesünder waren, konnten länger bei der Nahrungssuche helfen. Dadurch wurde die ganze Gruppe arbeitsfähiger und wieder stärker und gesünder. Das Leben wurde leichter, und sicher wurden die Menschen froher.

Wir wissen nicht, wann die Menschen lernten, zu lachen. Vielleicht geschah es in dem besseren Leben, das sie sich durch diese erste Steigerung ihrer Produktivität, durch das Aufbewahren von Knüppeln und Steinen von einem Tag zum anderen, durch die Einrichtung von Gruppeneigentum schufen.

Aber weit mehr noch geschah.
Dadurch, daß man die besten Knüppel und Steine, die man fand, aufbewahrte, also Eigentum schuf, ergab sich eine neue Beziehung des Menschen zu seinem Werkzeug, zu seinem Produktionsmittel. Man sorgte sich um das Produktionsmittel. Es durfte nicht verlorengehen, es wurde vielleicht gereinigt, wenn es vom Schmutz verkrustet war, und wenn es untauglich oder verloren war, ärgerte man sich, war traurig. Man verwahrte die Werkzeuge sorgfältig, wenn man sie abends nicht mehr brauchte.
Ob man auch zählen lernte, vielleicht bis 3 oder 5 oder gar schon bis 7, wenn man prüfen wollte, ob alle Steine und Knüppel da waren? Und mehr noch: Die Auswahl der Werkzeuge wurde immer besser. Fing es so an, daß man irgendeinen starken Knüppel, irgendeinen spitzen Stein aufbewahrte, so fand man bald heraus, daß es noch härtere Knüppel, noch spitzere Steine gab und daß man die besten suchen mußte.
Dadurch war die Leistung, die Produktivkraft der Werkzeuge wieder gestiegen, das Leben wieder verbessert, das Lachen häufiger, mehr Kinder blieben am Leben, mehr Mütter wurden zu Großmüttern.
Wir sehen, wie völlig sich das gesellschaftliche Leben der Menschen ändert, wenn die Produktivkräfte zunehmen.
Wir sehen, wie allein schon die Veränderung von Knüppel und Stein, die härter oder spitzer werden, die Menschen und ihr Zusammenleben ändern.

Das Feuer

Der nächste riesige Fortschritt, der das Leben der Menschen wieder außerordentlich verändert, ist der vom Aufbewahren der Werkzeuge zum Verändern, zum Bearbeiten der Werkzeuge.

Jetzt beginnt der Mensch zum Beherrscher der Natur zu werden – natürlich erst ganz winziger Teile der Natur. Er lernt, den Stein durch Bearbeitung mit einem anderen Stein in mehrere Steine zu verwandeln, aus denen man sich die besten aussuchen kann. Er lernt, den Stock mit Hilfe scharfkantiger Steine zu spitzen.

Der Mensch wird zum Handwerker, er werkt mit seiner Hand, schafft etwas Neues, das es zuvor noch nicht gegeben hatte.

Und wieder steigt die Arbeitsleistung, wieder leben die Menschen besser. Ihr Selbstbewußtsein steigt, sie sind nicht mehr angewiesen auf das, was sie in der Natur finden, sie können die Natur verändern; ihr Kampf mit der Natur beginnt die ersten Früchte zu tragen. Die Freude an der Arbeit wächst, vielleicht entsteht sie jetzt überhaupt erst.

So geht es durch Tausende von Jahren, bis der Mensch – man weiß nicht, wann und wo – die große Entdekkung des Feuers macht. Natürlich gab es immer Feuer: durch Blitz entzündete Wälder oder Steppen. Stets waren die Menschen wie die Tiere vor dem Feuer geflohen – bis sie es auf irgendeine Weise wirklich ent-

deckten, das heißt, seine nutzbringende Kraft erkannten und zu bändigen begannen.
Noch war man weit entfernt davon, Metalle zu schmelzen. Aber man lernte den Stock mit Feuer härten und vor allem: die Nahrung mit Hilfe des Feuers verändern und verbessern. Wie vieles, das man früher nicht essen konnte, wurde mit Hilfe des Feuers zu einer guten Speise! Wieviel besser für die Ernährung, wieviel gesünder wurde die zuvor übliche Nahrung, die man jetzt rösten und später auch kochen lernte.
Unvorstellbar ist, was die Entdeckung des Feuers für den Menschen bedeutete und der weitere Schritt von der Nutzung und Hütung gefundenen Feuers bis zum Selbstanmachen des Feuers, dem Feuermachen.
In dieser Zeit beginnt eine Arbeitsteilung unter den Menschen sich durchzusetzen, eine Art von Spezialisierung. Auf eine ganz neue Art und Weise wird die Produktivität, wird die Arbeitsleistung gesteigert. Die Menschen teilen sich in solche, die besonders gut jagen können und in »alle anderen«. Eine noch sehr primitive, sehr einfache Art von Arbeitsteilung, aber eine außerordentlich wichtige.
Es wurde so eingerichtet, daß die Männer auf Jagd gingen und die Frauen alle anderen Arbeiten machten, wie Früchte sammeln, Kinder hüten usw. Bekanntlich können Männer wegen ihres Körperbaues schneller laufen als Frauen. Das Laufen aber ist für die Jagd von großer Bedeutung. Außerdem mußte man oft einen ganzen Tag, ja, mehrere Tage jagen, bis man das Wild erlegte.

Die Frauen mußten aber die Kinder nähren und konnten sie nicht so lange allein lassen.
Wir dürfen jedoch nicht glauben, daß man deswegen die Männer für wichtiger hielt als die Frauen. Ganz im Gegenteil: Die Frauen bestimmten, wie alles geschehen sollte. Die Frau war das Haupt der Familie. Sie bekam die Kinder, und da man nicht wußte, wie die Kinder entstanden, daß auch der Mann daran beteiligt war, so war die Stellung der Frau eine ganz besonders wichtige in den Augen der Menschen. Eine solche Gesellschaft, in der die Frau das Haupt der Familie und der Gruppe ist, nennt man Matriarchat. Doch wurden die Männer damals nicht etwa unterdrückt. Sie hatten ihre Arbeit, die Jagd, und fanden es ganz richtig und selbstverständlich, daß eine Frau, die die Gruppe durch Kinder vermehrte, auch über die Gruppe bestimmte.
Von drei weiteren wichtigen Fortschritten aus dieser frühen Zeit müssen wir noch berichten.

Anfang der Siedlung

Der erste hängt damit zusammen, daß, je besser die Werkzeuge wurden, desto mehr Nahrung aus einer bestimmten Gegend herausgeholt werden konnte. Die Jagd war erfolgreicher und kürzer, mehr Wurzeln und Früchte konnte man finden und mit Hilfe der immer größeren Fertigkeit im Kochen zubereiten. Ja, wenn die Gruppe in die Nähe des Meeres kam, das reichlich

Fischnahrung bot, dann konnte sie vielleicht schon eine Woche, später einen Monat und schließlich ein ganzes Jahr oder noch länger am gleichen Ort bleiben. Wieder eine gewaltige Veränderung im Leben der Menschen: Mußten sie vorher fast von Tag zu Tag weiterziehen, weil die Nahrung, die sie an einem Ort fanden, nicht länger reichte, da man sie nicht richtig zu nutzen verstand, so wird das jetzt anders. Die besseren Werkzeuge, die größere Erfahrung der Menschen beim Handhaben der Werkzeuge erlauben ihnen, mehr Nahrung aus einer Gegend herauszuholen. Sie können jetzt einen festen Platz haben und das dauernde Wanderleben aufgeben – sie siedeln sich an.
Damit beginnt wiederum ein neuer Abschnitt in der Geschichte der Gesellschaft. Eine Gegend wird den Menschen vertraut: Sie wissen, wo die besten Früchte wachsen, sie lernen, wann man am besten fischen kann und vieles andere mehr.
Weiter: Wieviel Kraft wird gespart, wenn man nicht dauernd zu wandern braucht, wenn die Frauen nicht die kleinen Kinder schleppen müssen und die Männer nicht immer neue Wege durch das Dickicht zu schlagen haben, um vorwärts zu kommen.
Und all die gesparte Zeit und die Kraft können nützlich verwandt werden für neue Verbesserungen des Lebens.
Zuerst einmal natürlich beginnen die Menschen, anders zu hausen. Von der ersten festeren Siedlung datiert der Wohnungsbau. Solide Höhlen, sichere Hütten

werden gebaut und später schon eine Art von Häusern. Das Lager, auf dem man ruht, wird bequemer.
Gleichzeitig finden die Frauen mehr Zeit für den Schutz und für den Schmuck des Körpers durch Felle, Pflanzengewebe, Federn. Der Mensch fängt an, sich zu kleiden.
Auch die Töpferei, die Herstellung von Gefäßen aus Ton, beginnt.
Die seit langem benutzten Werkzeuge werden verfeinert.
Allerdings geht diese Entwicklung unendlich langsam vor sich. Zum Beispiel hat man in Frankreich einfache, grobe Steinäxte, sogenannte Faustkeile, in der Nähe von Abbeville gefunden. Sie stammen wahrscheinlich aus einer Zeit, in der die Menschen, die sie benutzten, noch nicht fest siedelten. In Saint-Acheul, ebenfalls in Frankreich, hat man etwas bessere Steinäxte gefunden, etwa aus einer Zeit, in der die Menschen schon fester siedelten. Wie lange Zeit hat es gedauert, bis der Faustkeil von Abbeville sich in die bessere Form der Steinaxt von Saint-Acheul verwandelte? Über 100 000 Jahre!
Wenn wir bedenken, daß es keine hundert Jahre vom Ende der Postkutsche bis zum Flugzeug gedauert hat, erkennen wir sofort, wie unendlich langsam damals – in der Frühzeit der Menschen – der technische Fortschritt, die Entwicklung der Produktivkräfte und damit auch die Entwicklung der menschlichen Gesellschaft war.

Vom Garten zum Feld

Der zweite Fortschritt, den wir hier erwähnen müssen, und der im Zusammenhang mit der festeren Siedlung der Menschen steht, ist die Kultivierung des »wilden Grases« – zum Beispiel des wilden Weizens und der wilden Gerste.

Soviel wir heute feststellen können, wurden etwa vor 10 000 Jahren – unsere Erforscher der frühesten Geschichte sagen etwa 7 bis 8 000 vor unserer Zeitrechnung – zum ersten Male Pflanzen angebaut. Natürlich konnten die Menschen die Kunst des Pflanzenbaues erst entdecken, als sie schon längere Zeit fest an einem Ort blieben. Und umgekehrt bedeutete natürlich die Kunst des Säens und Erntens, daß die Ernährung der Menschen jetzt unabhängiger von der Jagd und dem Früchtesuchen wurde, daß sie noch länger an einem Ort bleiben konnten, daß sie fester siedeln durften.

Zuerst benutzte man einen sogenannten Pflanzstock, um Löcher für Samen und Pflänzlinge zu bohren; später entwickelte sich der Pflanzstock, der manchmal nichts anderes als ein spitzer Stock oder das abgebrochene Stück von einem Geweih ist, zum soliden Grabstock, der Grabstock zum Grabscheit, das schon unten breit ist, das Grabscheit zum Spatenstock, der Spatenstock zum Furchen(zieh)stock, und schließlich steht am Ende dieser Reihe der Pflug, der später vom Traktor gezogen wird.

Je besser das Werkzeug, desto größer die Fläche, die

bearbeitet werden kann. Zuerst begann man mit einer Art kleinem Garten. Erst mit der Erfindung des Pfluges beginnt der wirkliche Ackerbau – etwa 5 000 vor unserer Zeitrechnung.

Immerhin sind es nur etwa 3 000 Jahre, die zwischen dem Pflanzstock und dem Pflug lagen – zwischen der primitiven und der guten Steinaxt waren es noch 100 000 Jahre, 33mal soviel bei einem Fortschritt, der weit kleiner war.

Mit der Ausdehnung der Fläche, die bebaut wird, wächst die Zahl der Menschen, die sich an einer Stelle ernähren können. Die menschliche Gemeinschaft wächst. Dörfer entstehen, und die Menschen sind weit besser genährt als zuvor. Der Weg vom Pflanzstock zum Spatenstock führt von der kleinen, noch immer nicht ausreichend genährten Menschengruppe bereits zur größeren Siedlung, in der die Menschen, wenn die Ernte nicht zu schlecht ist, jeden Tag ordentlich genährt werden.

Ja mehr, die Menschen lernten vorauszuschauen, die Wirtschaft ein wenig zu planen. Sie aßen, wenn die Ernte kam, nicht drauflos, um sich dann für den Rest des Jahres von der Jagd, von wildwachsenden Früchten und von der Fischerei zu nähren. Sie begannen Vorräte zu sammeln und auf Mittel zu sinnen, diese Vorräte gut aufzuheben, so daß sie nicht verdarben. Und im Laufe der Zeit kam man auch darauf, im Fall einer besonders guten Ernte Körner für länger als ein Jahr, zum Schutz gegen Mißernten, aufzuheben. Der

Mensch begann, wirklich vorausschauend zu wirtschaften und so immer neue Siege über die Natur zu erringen.
In dieser Entwicklung spielte die Frau eine besondere Rolle. Sie war es, die den Garten bestellte, während der Mann weiter auf Jagd ging.

Zähmung der wilden Tiere

Die letzte hier zu nennende große Tat der Urgemeinschaft, die ihre höchste Blüte herbeiführte und das Leben der Menschen ganz außerordentlich verbesserte, war die Zähmung wilder Tiere, die Einrichtung der Viehwirtschaft – frühestens, soviel wir heute schätzen können, etwa 6 000 Jahre vor unserer Zeitrechnung.
Zuerst zähmte man wilde Tiere vor allem, um sie zu melken; später benutzte man das Vieh, um Lasten zu tragen, noch später um Lasten zu ziehen, vor allem den Pflug und den Wagen.
Die Viehzucht bringt viel neue Nahrung. Das Vieh weidet, nährt sich in dieser Zeit überwiegend selbst und vermehrt sich schnell.
Die Menschen werden kräftiger und größer.
Die Gesundheit der Menschen wird wesentlich besser.
Immer zahlreichere Menschengruppen können jetzt zusammenleben.
Und wenn sich Viehzucht und Feldbau verbinden – indem man Vieh zum Ziehen des Pfluges einspannt –

so ergibt sich eine ganz gewaltige Steigerung der Produktivität.
Die Menschen essen jetzt nicht mehr nur, um den Hunger zu stillen; das Essen wird mehr und mehr zu einer kulturellen Freude. Sie verfügen über eine reichhaltigere Speisekarte. Wenn man Schweine und Schafe, Rinder und Ziegen und so manches andere Getier züchtet, wenn man Milch verwendet, um sie zu trinken oder Butter und Käse daraus zu machen, wenn man lernt, die verschiedenen Fleischsorten zu rösten, zu braten, zu kochen und Suppen zuzubereiten, dazu Salz, Gewürze und Kräuter zu verwenden und Wein, Bier und Met herzustellen – dann hat die Geburtsstunde der Kochkunst geschlagen. Die Mahlzeit wird zu einer Freude – der Mensch lernt seine Zunge zum Schmecken, zum Abschmecken zu verwenden.
Die Produktivkraft Vieh macht auch den Mann seßhafter, bringt ihn während des Tages wieder stärker in die Gruppe zurück. Denn er braucht weniger auf die Jagd zu gehen, und die Pflege des Viehs ist weniger Aufgabe der Frau als des Mannes. Ja, auch ein großer Teil der anderen landwirtschaftlichen Arbeiten wird jetzt Aufgabe des Mannes – denn wie die Pflege des Viehs, so geht auch die Arbeit mit dem Vieh, das Lastentragen und vor allem auch das Pflugziehen, an den Mann über. Die Frau ist so schwerer körperlicher Arbeit nicht gewachsen.
Wir sehen, wie das Leben in der Urgemeinschaft sich durch die Entwicklung der Produktivkräfte zu ändern

beginnt. Nicht nur wird es immer reicher, weil die Menschen immer geschickter in der Arbeit werden. Auch die Art des Lebens ändert sich. Es entsteht Eigentum, es beginnen Seßhaftigkeit, Wohnkultur, seltenere Abwesenheit des Mannes.

Und doch sind all diese Änderungen auf Grund der Entwicklung der Produktivkräfte nur ein Anfang. Neue Entwicklungen der Produktivkräfte werden das Zusammenleben der Menschen so verändern, daß eine ganz neue Art von Gesellschaft entsteht.

ZWEITES KAPITEL

Wie die Produktivkraft Vieh die Urgemeinschaft zerstört

Das Mehrprodukt entsteht

Das Vieh hat eine besondere Eigenschaft. Bei guter Pflege vermehrt es sich schnell.

Schnell wachsende Viehherden und steigende Erträge des Ackerbaus führen im Laufe der Zeit eine völlig neue Situation herbei: Der Mensch kann mehr Nahrungsmittel produzieren, als er für sich selbst braucht, um satt zu werden.

Das ist ein Ergebnis von ganz ungeheurer Bedeutung.

Die Produktionsmittel in der Landwirtschaft, in der Fischwirtschaft und bei der Jagd sind ständig vervollkommnet worden. Der Mensch hat viel Arbeitserfahrung, viel Produktionserfahrung gesammelt. Jetzt sind die Produktivkräfte so gewachsen, daß die Menschen mehr Nahrungsmittel produzieren, als sie verbrauchen müssen, um gesund am Leben zu bleiben.

Das Mehr, das die Menschen über ihren eigenen, zur Erhaltung des Lebens notwendigen Bedarf hinaus produzieren, nennt man das *Mehrprodukt*.

Was haben die Menschen nun mit dem Mehrprodukt gemacht, wie haben sie gehandelt, als sie feststellten,

daß sie mehr Lebensmittel produzieren können, als sie verbrauchen?
Vielleicht haben sie eine Zeitlang mehr gegessen, als ihnen gut ist. Aber das kann nicht lange gedauert haben, denn für alles Essen und Trinken gibt es eine Grenze, und außerdem wuchsen ja die Produktivkräfte weiter.
Haben die Menschen nun vielleicht aufgehört, die Produktionsmittel weiter zu verbessern?
Nein, keineswegs! Denn jede Verbesserung der Produktionsmittel bedeutet ja nicht nur, daß man mehr produzieren kann, sondern auch, daß die Arbeit leichter ist und schneller vonstatten geht. Die Arbeit war damals immer noch sehr, sehr schwer, so daß die Menschen sich selbstverständlich bemühten, sie durch weitere Hebung der Produktivkräfte zu erleichtern.
Ja, die Produktivkraft wurde sogar noch schneller, und zwar durch Spezialisierung gesteigert. Es kam nämlich dazu, daß einzelne Gruppen oder Stämme (wie man jetzt meist sagen muß, weil die Menschen in größeren Gruppen zusammenlebten) sich auf Viehhaltung spezialisierten. Sie wurden Spezialisten in der Viehproduktion – Hirtenstämme.
Das bedeutete allerdings, daß sie dann nicht Getreide anbauen konnten. Hirtenstämme müssen umherziehen, von einer Weide zur anderen.
Wird aber ihre Tätigkeit dadurch nicht einseitiger?
Natürlich wird ihre Tätigkeit einseitiger! Das heißt ja Spezialisierung, nämlich die Beschäftigung mit nur

einer Sache, damit man lernt, sie besonders gut zu machen und die Produktivität zu erhöhen.
Müssen dann die Viehzüchter, die Hirtenstämme, nicht auf vieles verzichten, das sie zuvor hatten? Auf all die Nahrung nämlich, die der Ackerbau gewährt? Spezialisierung, Teilung der Arbeit braucht nicht zu bedeuten, daß sich die Spezialisierten auf den Verbrauch ihrer eigenen Produkte beschränken und auf alle Dinge, die sie nicht selbst produzieren, verzichten – unter einer Bedingung: daß sie nämlich regelmäßig tauschen, handeln lernen.
Und das taten die Menschen jetzt. Hirtenstämme begannen, ihre Viehprodukte gegen die Produkte der Akkerbaustämme zu tauschen. So entstand die Einrichtung des regelmäßigen Tausches, so fing man in der menschlichen Gesellschaft an, Handel zu treiben.
Die wachsenden Produktivkräfte also führten zur Teilung der Arbeit. Schon vorher war uns eine Art von Teilung der Arbeit begegnet: Die Männer gingen auf die Jagd, und die Frauen machten alle anderen Arbeiten. Das war eine Teilung der Arbeit nach dem Geschlecht. Die neue Arbeitsteilung in Hirten- und Ackerbaustämme ist eine Arbeitsteilung anderer Art, eine gesellschaftliche Teilung der Arbeit.
Und wie die Steigerung der Produktivkräfte zur gesellschaftlichen Teilung der Arbeit geführt hat, so verursachte umgekehrt die gesellschaftliche Teilung der Arbeit wiederum eine weitere Steigerung der Produktivkräfte.

Der Tausch, der Handel, ist das Mittel, das den spezialisierten Stämmen erlaubt, ohne entsprechende Spezialisierung im Verbrauch zu leben. Denn natürlich wollen die Spezialisten der Produktion nicht nur spezielle Dinge essen und trinken, sondern möglichst vielartige.

Tauschwert, Ware und Geld

Der Tausch, der Handel, verursacht ein neues Verhältnis der Menschen zu den Dingen, die sie produzieren. Vorher war es so: Wuchs das Getreide kräftig heran, waren die Ähren schwer gebeugt von der Last der Körner, so freute sich der Ackerbauer und dachte: Das wird gutes Brot geben. Er dachte nur daran, wie er das Getreide gebrauchen konnte. Das Getreide hatte für ihn, wie der Wissenschaftler sagt, nur Gebrauchswert.

Jetzt aber, wo die Menschen Handel treiben, da denkt der Ackerbauer, wenn er das Getreide prächtig heranwachsen sieht, nicht nur an das Brot, das er später einmal daraus backen wird.

Er denkt auch daran, daß er einen Sack Körner gegen ein Schaf wird tauschen können, wenn ein Hirtenstamm vorbeikommt. Er produziert also eine bestimmte Menge Körner mit der Absicht, sie gegen ein Schaf zu tauschen. Das Getreide hat für ihn jetzt, wie der Wissenschaftler es nennt, auch einen Tauschwert.

Alle Dinge, die die Menschen produzieren, müssen einen Gebrauchswert haben – denn wenn niemand sie brauchen kann, wäre es sinnlos, sie zu produzieren. Aber nur die Dinge, die man für den Tausch produziert oder die man tauschen will, haben einen Tauschwert. Werden Dinge für den Tausch produziert, so nennt man sie Waren.

Auf solche Weise entstand mit der Weiterentwicklung der Produktivkräfte durch Spezialisierung der Handel mit Waren, das heißt mit Dingen, die für den Tausch, für den Handel produziert worden sind.

Aus dieser neuen Situation ergaben sich noch weitere Folgen. Wie, wenn der Hirtenstamm im Sommer, vor der Ernte, zu einem Ackerbaustamm kam und Vieh gegen Getreide tauschen wollte? Vor der Ernte war noch kein Getreide zum Tausch da. Die Ackerbauer aber wollten um des Fleisches willen Vieh haben, und die Hirten wollten gern ihr Vieh loswerden, auch wenn sie erst später ihr Getreide bekommen sollten; sie würden weiterwandern und sich nach drei Monaten ihr Getreide holen. Oder sie würden zum nächsten Ackerbaustamm ziehen, der noch Getreide hat, und der Stamm, der jetzt das Vieh haben möchte, aber kein Getreide hat, könnte vielleicht später, nach der Ernte, das Getreide an den anderen Ackerbaustamm abgeben, das dieser jetzt den Hirten geben würde.

Etwas kompliziert das Ganze, nicht wahr? Um solche Komplikationen zu vermeiden, suchten die Menschen im Laufe der Zeit eine Ware, die allen gefiel, die alle bereit waren zu nehmen, die man jederzeit wieder eintauschen konnte – zum Beispiel Pelz- oder Lederstükke, oder Schmuck, oder Angelhaken und Pfeilspitzen. Aus diesen »allgemeinen Waren«, das heißt Waren, die jeder brauchen kann, die sich leicht aufheben lassen, die im Winter und im Sommer nützlich sind, entwickelte sich das, was wir Geld nennen.

Das Handwerk entsteht

Die Frage, was die Menschen mit dem Mehrprodukt machten, ist noch nicht beantwortet. Vorläufig wissen wir nur, daß sie nicht aufhörten, die Produktivität ihrer Arbeit zu steigern, insbesondere durch Spezialisierung, und daß sie dadurch immer mehr Mehrprodukt herstellten.

Betrachten wir, bevor wir die Frage beantworten, noch einmal das Leben eines solchen Stammes. Ein Teil der Männer zieht auf das Feld und arbeitet dort den ganzen Tag, ein anderer geht auf die Jagd oder zum Fischfang. Die Frauen besorgen das Kleinvieh, sie arbeiten im Garten, sie kochen, und natürlich haben sie auch mit den Kindern zu tun. Abends wird ein wenig gewebt, der Pflug wird in Ordnung gebracht, ein zerbrochener Topf wird geleimt, am Haus wird eine schadhafte Stelle ausgebessert. Wesentlich jedoch ist, daß sich alle an der Hauptarbeit, an der Produktion von Nahrungsmitteln, beteiligen müssen, sonst ist nicht genug zu essen da – oder nur ein klein wenig mehr als genug.

Wenn nun ein Mann besonders geschickt bei der Herstellung und Reparatur von Pflügen ist, wenn eine Frau es ganz besonders gut versteht, Töpfe zu formen – sollte man jetzt nicht dafür sorgen, daß sie, statt bei der Nahrungsmittelproduktion zu helfen, den ganzen Tag an den Pflügen und Töpfen arbeiten können? Man legt dann das »Ein wenig mehr als genug« von Nahrungsmitteln zusammen, um es ihnen zu geben. Man versucht es – und es stellt sich heraus, daß dadurch ihre Leistung sich noch wesentlich verbessert, sie werden richtige Fachleute, Spezialisten in der Herstellung und Reparatur von Pflügen oder in der Produktion von Töpfen.

Eine neue gesellschaftliche Arbeitsteilung hat stattgefunden: Neben den Hirten tritt als zweiter Spezialist der Handwerker. Der Handwerker ist von der Nahrungsmittelproduktion befreit und kann nun die Arbeitsleistung auf seinem neuen Arbeitsgebiet ganz bedeutend steigern.

So bringt die Mehrproduktion also einen ungeheuren Fortschritt. Sie befreit Menschen von der Nahrungsmittelproduktion und erlaubt ihnen die Spezialisierung auf die Produktion zahlreicher anderer Güter des Lebens, Güter, die eine Bereicherung des Lebens bedeuten, die jetzt viel besser und in größerer Zahl hergestellt werden können.

Der Raub des Mehrprodukts

Zugleich mit der Bereicherung des Lebens bringt die Mehrproduktion aber auch furchtbares Unglück für die Menschen – wie jeder Fortschritt, jedes Glück von jetzt ab auch Weh und Pein für die Menschen bringen wird – bis die sozialistische Gesellschaft das ändern wird, bis die Menschen, die unter dem Sozialismus leben, wieder Fortschritt und Bereicherung des Lebens ohne den bitteren Beigeschmack des Unglücks schaffen werden.

Es geschah nämlich folgendes:

Wenn früher zwei Menschengruppen im gleichen Jagdgebiet aufeinanderstießen, gab es Kämpfe, die mit dem Sieg der einen Gruppe über die andere endeten. Die eine Gruppe wurde von der anderen getötet, wenn es ihr nicht gelang zu fliehen. Oft wurde auch der Gegner nach der Tötung verspeist, weil man doch einen Nutzen von ihm haben wollte. Hätte der Sieger den Gegner nicht gefangennehmen und für sich arbeiten lassen können, um Nutzen von ihm zu haben? Nein – diese Möglichkeit gab es nicht, denn es gab noch kein Mehrprodukt. Der Gefangene hätte nur für seine eigene Ernährung, ohne Nutzen für den Sieger arbeiten können.

Das änderte sich mit dem Moment, als man ein Mehrprodukt herstellen konnte.

Warum und wieso?

Nehmen wir an, jeder Mensch braucht zu seiner Ernährung ein Brot am Tag. Durch die Steigerung der Produktivkräfte kann aber ein Mensch jeden Tag 1 und 1/10 Brot herstellen. Zehn Menschen können dann 10 mal 1 1/10, also 11 Brote herstellen. Zehn Menschen können also nun so viele Brote herstellen, daß ein elfter Mensch sein Brot erhalten kann, ohne daß er selber Nahrungsmittel produziert.

Wenn man jetzt auf andere Stämme traf, da lohnte es sich, den Gegner nicht zu töten, sondern ihn gefangenzunehmen und ihn arbeiten zu lassen. Vor allem zum Hüten der wachsenden Viehherden, und auch für die schwere Feldarbeit waren solche Hilfskräfte nutzbringend zu verwenden.

Von dem Resultat seiner Arbeit konnte man dem Gefangenen das Mehrprodukt – ein Zehntel Brot zum Beispiel – einfach wegnehmen, ohne daß er deswegen vor Hunger starb. Da er ein Gefangener war, konnte er sich nicht dagegen wehren. Und wenn er es gewagt hätte, das ganze Produkt seiner Arbeit zu fordern, dann könnte man ihn schlagen oder ihm nichts zu essen geben, bis er sich fügte.

Das heißt, es begann das, was wir mit Marx die *Ausbeutung des Menschen durch den Menschen* nennen. Denn Ausbeutung ist nichts anderes als Raub des Mehrprodukts durch den Stärkeren.

Mit dem Raub des Mehrprodukts, mit der Ausbeutung entsteht die Teilung der Gesellschaft in Klassen. Die erste unterdrückte Klasse bildet sich im Laufe der Zeit aus den Kriegsgefangenen.

Bis dahin hatten die Menschen in der Urgemeinschaft nicht nur gemeinsam, sich gegenseitig helfend, zusammengearbeitet. Sie hatten auch alles, was sie produzierten, geteilt. Jetzt entwickelten sich zwei Klassen von Menschen: die einen, die nur soviel erhielten, wie sie zum arbeitsamen Leben brauchten – und die anderen, die erstens soviel erhielten, wie sie produzierten, und außerdem noch das Mehrprodukt der unterdrückten Klasse.

Nun erhielten auch die Kriege eine andere Bedeutung.

Früher gab es Kriege, damit man am Leben blieb, weil zwei Gruppen oder zwei Stämme in der gleichen Gegend nicht genug zum Leben vorfanden – aber Kriege wurden natürlich nur dann geführt, wenn das Unglück es wollte, daß zwei Gruppen oder Stämme zusammenstießen.

Jetzt haben die Stämme ein Interesse daran, möglichst viele siegreiche Kriege zu führen, um möglichst viele Gefangene zu machen und möglichst viel Vieh zu rauben. Der Krieg wurde zu einer vorteilhaften Angelegenheit, und man suchte geradezu nach Kriegen. Der Krieg wurde zu einer Triebkraft der gesellschaftlichen Entwicklung. Aus einem notwendigen Abwehrkrieg, den ein unglücklicher Zufall herbeiführte, wurde jetzt ein vorteilhafter Raubkrieg, der dem Sieger viel Ausbeutungsobjekte und somit ein besseres, ein reicheres Leben auf Kosten der Gefangenen, auf Kosten der ersten unterdrückten Klasse sicherte.

Auf solche Weise entstand aus dem Glück der Mehrproduktion das Unglück des Krieges, der Ausbeutung und einer unterdrückten Klasse.

Statt Gemeineigentum – Privateigentum

Und im Zusammenhang damit müssen wir eine weitere bedeutsame Wandlung der Verhältnisse, die wiederum überaus wichtige Auswirkungen hatte, bemerken: eine Wandlung in den Eigentumsverhältnissen.
Bekanntlich gehörten die Produktionsmittel, sei es der Pflug oder das Boot oder das Vieh, der Gemeinschaft, es war Gemeineigentum. Daneben gab es einiges persönliche Eigentum, wie Kleidung und Schmuck; dazu gehörten aber nicht Produktionsmittel.
Als jedoch Kriege zu einem Mittel der wirtschaftlichen Bereicherung wurden, als, wie Engels einmal sagt, die Gewalt in den Dienst der Wirtschaft gepreßt wird, beginnt sich das zu ändern. Wir wissen, daß mit der Ausdehnung der Viehwirtschaft der Reichtum schnell anwächst. Wenn nun im Krieg, beim Raub von Vieh und Gefangenen, sich jemand besonders hervorgetan hatte, dann erhielt er bisweilen ein paar Stück Vieh als besondere Auszeichnung geschenkt.
Auch früher hatte es Auszeichnungen gegeben, die sich aber grundlegend von diesen unterschieden.
Vielfach war es üblich gewesen, daß der, welcher auf der Jagd das Tier am schwersten getroffen oder es ge-

tötet hatte, zum Beispiel das Herz oder die Leber des erlegten Tieres erhielt. Wenn er dann das Herz oder die Leber verspeist hatte, war es gewissermaßen mit der Auszeichnung vorbei.
Ganz anders, wenn man Vieh als Auszeichnung erhält. Vieh ist nicht in erster Linie zum Verspeisen, zum Konsumieren da, sondern zum Gebrauch als Produktionsmittel, sei es zum Lastentragen oder zum Pflugziehen, oder um sich zu vermehren und so noch mehr Lasten zu tragen, noch mehr Pflüge zu ziehen. Wenn man nun gar noch ein Stück Land und einen Kriegsgefangenen geschenkt bekommt, dann sieht die Gesellschaft plötzlich ganz anders aus.
Ein einzelner arbeitet jetzt für sich, entzieht sich und seine Familie der Gemeinschaftsarbeit und beutet einen anderen, einen Gefangenen, für sich privat aus, indem er sich dessen Mehrprodukt aneignet.
Das Gemeinschaftsleben der Gruppe oder des Stammes wird gesprengt.
Und mehr noch: Dieser einzelne kann jetzt besser leben als die anderen. Es entsteht ein neuer Unterschied unter den Menschen: Es gibt jetzt nicht mehr nur Ausbeuter, die alle zu einem Stamm gehören, und Ausgebeutete, die Kriegsgefangene aus einem anderen Stamm sind, sondern es gibt innerhalb ein und desselben Stammes Unterschiede im Leben; die Spaltung der Gesellschaft in Reiche und Arme bahnt sich an.
Wieder sehen wir, welche Auswirkungen die Steigerung der Produktivkräfte auf die Entwicklung der

menschlichen Gesellschaft hat, wie sich die Beziehungen der Menschen untereinander wandeln, insbesondere die wirtschaftlichen Beziehungen, die Marx und Engels Produktionsverhältnisse genannt haben.

In diesem Zusammenhang muß noch auf eine letzte sehr wichtige Auswirkung der Viehwirtschaft eingegangen werden.

Wir wissen, daß die Viehwirtschaft vor allem Arbeitsgebiet des Mannes war. Außerdem wurde noch der Ackerbau infolge der Verwendung des Pfluges eine Sache des Mannes. Wenn nun das erste Privateigentum (an Produktionsmitteln), Vieh und Kriegsgefangene, Manneseigentum wird, denn die Krieger sind Männer, dann wird die Stellung des Mannes in der Gesellschaft immer bedeutsamer.

Aber es findet nicht nur ein einfacher Wechsel in der gesellschaftlichen Rolle von Mann und Frau, der Übergang von der »Frauengesellschaft« (Matriarchat) zur »Männergesellschaft« (Patriarchat) statt, sondern dieser Wechsel geht in einer Gesellschaft vor sich, in der Ausbeutung, Unterdrückung und Privateigentum entstehen. So ist es nicht verwunderlich, daß der Bedeutungswechsel der gesellschaftlichen Rolle der Geschlechter zugleich mit der Unterdrückung des einen, der Frau, verbunden ist.

War unter dem Matriarchat die Rolle des Mannes geringer als die der Frau, so war der Mann doch nie unterdrückt. Seit dem Patriarchat aber bis zum Ende der kapitalistischen Gesellschaft ist die Frau unterdrückt. Denn sie rückte ja eben an die zweite Stelle in einer Gesellschaft, in der gerade Unterdrückung und Ausbeutung eingeführt worden sind. So vergiften von jetzt ab Unterdrückung und Ausbeutung alle menschlichen Verhältnisse – darunter auch das Verhältnis von Mann und Frau!

Der Kriegsführer wird König

An allen Enden und Ecken bricht die Urgemeinschaft auseinander. Das Gemeineigentum wird da, wo Privateigentum entsteht, zersetzt. Die Produkte gehören nicht mehr allen Menschen, die sie herstellen, weil es eine Klasse von Menschen gibt, denen ihr Mehrprodukt geraubt wird, die ausgebeutet werden. Der Krieg ist zu einem lebenswichtigen Bestandteil der Gesellschaft geworden, weil die Arbeit der Gefangenen eine immer größere Rolle in der Gesellschaft zu spielen beginnt.
Raub, Armut und Reichsein verändern das Zusammenleben der Menschen.
Im Schoße der alten Gesellschaft regen sich die Kräfte einer neuen. Aber noch können wir sie nicht deutlich erkennen. Wir befinden uns in einer Übergangsperiode von einer Form der Gesellschaft zur anderen.

Untersuchen wir, wie dieser Übergang vor sich geht. Hören wir, was die Menschen aus dieser Übergangszeit berichten.
Berichten? Ja, so ist es. Aus der Zeit des Übergangs von der Urgemeinschaft zu der neuen Gesellschaft, zur Sklavenhaltergesellschaft, sind uns Erzählungen, Gedichte, Gesänge erhalten – in Indien und China, im Mittleren Osten und in Europa.
Für die frühere Zeit müssen wir durch Ausgrabungen verfallener Gräber und versunkener Reste alter Siedlungen etwas über die Menschen erfahren. Jetzt sind es literarische Zeugnisse, wie man es nennt, die uns Nachricht geben.
Die berühmtesten, wenn auch keineswegs frühesten, literarischen Zeugnisse aus dieser Zeit sind die Dichtungen Homers, die »Ilias« und die »Odyssee«.
Natürlich geben die Homerischen Gesänge keine wissenschaftliche Schilderung des Übergangs von der Urgemeinschaft zur Sklavenhaltergesellschaft. Eine solche wissenschaftliche Schilderung war unmöglich. Einmal konnten die Menschen damals gar nicht wissen, daß sie sich zu einer neuen Gesellschaftsform entwickelten und wie diese aussehen würde. Hatte es bis dahin doch überhaupt nur eine einzige Gesellschaftsform gegeben, nämlich die Urgemeinschaft. Daß es eine andere geben könnte, kam ihnen überhaupt nicht in den Sinn. Außerdem gab es noch keine Wissenschaft von der Gesellschaft, und erst recht noch keine, die Wirklichkeit genau erforschende und erkennende

Wissenschaft – die haben erst Marx und Engels geschaffen.
Aus den Schilderungen der Homerischen Gesänge können wir dennoch vieles herauslesen und so erkennen, welche Formen der Übergang von der Urgemeinschaft zur Sklavenhaltergesellschaft genommen hat. Dabei müssen wir allerdings bedenken, daß die Formen des Übergangs nicht überall die gleichen waren – aber in den wesentlichen Merkmalen stimmen sie doch überein.
Das Herauswachsen der neuen Gesellschaftsordnung aus dem Schoße der alten sei zunächst an der Entwicklung der Kriege gezeigt.
Wir hatten gesehen, welche Rolle die Führung im Kriege spielte und wie der beste Krieger mit Beute – Vieh und Kriegsgefangene – ausgezeichnet wurde. Je mehr nun der Krieg zur laufenden Tätigkeit der Gesellschaft wurde, je häufiger Kriege geführt wurden, desto mehr wurde es zu einem Hauptberuf, Führer im Kriege zu sein.
Wie Engels einmal sagt, wird der Heerführer des Volkes zu einem unentbehrlichen, ständigen Beamten. Und so werden aus gelegentlichen Gaben von der Kriegsbeute laufende Abgaben an den Kriegsführer und seine besten Helfer im Kriege.
Da nun der Krieg zu einem Hauptgeschäft geworden ist, wird auch das Wort, der Rat der Kriegsführer immer gewichtiger. Noch beteiligen sich alle demokratisch wie früher an der Regelung der Angelegenheiten

des Stammes. Noch herrscht Demokratie. Aber es ist bereits eine militärische Demokratie.
Und bald ändert sich auch das. Der Führer im Kriege und seine Helfer gewinnen immer mehr an Einfluß. Aus dem Kriegsführer wird ein Stammesführer, der immer länger im Amt bleibt. Es wird ein König aus ihm, und seine besten Helfer werden zu Fürsten. Immer größer und stärker wird die Position des Königs.
Welche allgemeine, weit über den Krieg hinausgehende Rolle der König allmählich spielt, kann man auch an folgendem erkennen.
Viele Zehntausende, ja Hunderttausende Jahre lang glaubten die Menschen, daß Ereignisse, Naturerscheinungen, die sie nicht verstanden, von besonderen Wesen mit übernatürlichen Kräften, sogenannten Göttern, verursacht wurden. Da gab es einen Gott des Blitzes und Donners, einen Gott des Meeres, der Menschen zu sich herabzog und Fluten verursachte, einen Gott des Feuers und so weiter. Die Menschen brachten ihnen Opfergaben dar, um sie freundlich zu stimmen. Sie schlachteten Tiere und brachten Früchte für die Götter.
Die Könige behaupteten nun, daß sie oder Verwandte aus ihrer Familie besonders gute Beziehungen zu den Göttern hätten, weil sie doch so besonders tüchtige Menschen wären. Sie übernahmen es jetzt, die Gaben für die Götter zuzubereiten. Die Menschen mußten ihre Gaben in sogenannte Häuser Gottes, auch Tempel

genannt, bringen – und die meisten Gaben verschwanden in den Vorratshäusern der königlichen und fürstlichen Familien. Der König und sein erster Helfer, Oberpriester genannt, übernahmen die Regelung der religiösen Angelegenheiten, das heißt des Verkehrs mit den Göttern – und verdienten riesig dabei, wenn sie die für die Götter bestimmten Gaben in die eigene Tasche steckten.

Weiter: Während früher der Stamm von der Kriegsbeute einen Teil dem Kriegsführer und bisweilen auch seinen besten Helfern schenkte, übernahm im Laufe der Zeit der König selbst die Verteilung der Kriegsbeute. Dadurch wurde seine Macht sehr gestärkt.

Auch Land wurde in immer größerem Ausmaß verschenkt, so daß der König und seine Unterführer, die Fürsten, zu Großgrundbesitzern mit viel Vieh und Kriegsgefangenen darauf wurden. Je mehr Land sie erwarben, desto mehr Vieh und Kriegsgefangene aber brauchten sie zu seiner Bearbeitung.

Zugleich wurde die Stellung der Kriegsgefangenen immer schlechter. Sie gehörten jetzt mit Leib und Seele dem Kriegsführer. Er konnte sie töten, wenn er wollte, er konnte sie zu Tode arbeiten lassen. Sie waren Sklaven oder, wie die Römer auch sagten, sprechende Werkzeuge geworden.

Die Helden der »Ilias« und der »Odyssee«, Agamemnon, Menelaos, Achilles und Odysseus, waren große Ausbeuter, Räuber und Piraten. Sie besaßen riesigen Grund und Boden mit vielen Sklaven und waren darauf aus, noch mehr Grund und Boden, vor allem aber noch mehr Sklaven zu rauben.

Zur Zeit der »Ilias« ließen manche Kriegsführer der Volksstämme Griechenlands schon so viele Sklaven für sich arbeiten, daß sie von deren Mehrprodukt gewaltige Produktivkräfte angehäuft oder, wie man auch sagt, produktiven Reichtum akkumuliert hatten. Zugleich war die Arbeitsteilung so weit fortgeschritten, daß es bereits Dutzende von Spezialisierungen im Handwerk, vor allem in der Produktion von Kriegsmitteln gab.

Die Menschen wohnten nun auch in großen Siedlungen, die man bisweilen schon Städte nennen kann.

Das große Familienband, das früher die Gruppe und den Stamm zusammenhielt, hatte aufgehört zu existieren. Die Menschen kannten sich nicht mehr untereinander, ihre Verwandtschaft war schon zu entfernt.

Der König war nicht mehr der Vater einer großen Familie, sondern wurde zum Herrscher über ein Gemeinwesen, in dem andere als Familienkräfte wirksam wurden. Wenn früher einmal ein Unterführer keine Lust hatte, in den Krieg zu ziehen, befahl ihm der König als Familienoberhaupt, und der Unterführer mußte wie ein Sohn dem Vater gehorchen.

In der »Ilias« lesen wir, wie Odysseus, der lieber mit seiner Familie auf seiner Insel Landwirtschaft treiben wollte, als in den Krieg zu ziehen, sich mit allen möglichen Ausreden von der Teilnahme am Kriege gegen Troja zu drücken suchte. Der König Agamemnon aber

befiehlt ihm dann mitzuziehen, nicht als Familienoberhaupt, sondern er übt einen militärischen und ökonomischen Zwang auf Odysseus aus.
Jedoch die Einheiten in den Armeen, die Bataillone und Kompanien und Regimenter, wie wir heute sagen würden, waren noch nach Familiengruppen gegliedert.
Wir sehen, die »Ilias« schildert eine Übergangszeit von der Urgemeinschaft zur Sklavenhaltergesellschaft.

Die Ausbeuter brauchen den Staat

Wann können wir nun sagen, daß die Sklavenhaltergesellschaft beginnt, daß die Übergangszeit zu Ende ist?
Die Gentilgemeinschaft, die Familiengemeinschaft, in der vor allem freie, miteinander verwandte Menschen demokratisch zusammenlebten und zusammenarbeiteten, ist verschwunden. Eine Gesellschaft ist an ihre Stelle getreten, in der die Sklaven als Produzenten eine so große Rolle spielen, daß die Sklavenhalter zur Unterdrückung der Sklaven und zu ihrem eigenen Schutz einen besonderen Machtapparat, einen Staat organisieren.
Der Staat ist eine gesellschaftliche Einrichtung, in der nicht mehr Familie und Stamm und die soziale Gleichheit aller existieren, sondern Privateigentum, Reichtum und Ausbeutung auf der einen Seite, Armut und Aus-

gebeutetsein auf der anderen Seite – also der Zerfall der Gesellschaft in Klassen (Ausbeuter und Ausgebeutete) – das Entscheidende sind.

Lenin, der sich besonders mit den Fragen des Staates beschäftigt hat, lehrt uns, daß der Staat als ein besonderer Zwangsapparat, als ein Unterdrückungsapparat dort entstand, wo Klassen entstanden, wo die Ausbeuter also die Ausgebeuteten zur Arbeit und zur Hergabe des Mehrprodukts zwingen sowie sich selbst gegen den Widerstand der Ausgebeuteten schützen mußten.

Der Staat ist also ein Ergebnis des Klassenkampfes, eine Waffe der Ausbeuter gegen die Ausgebeuteten, der Mehrprodukträuber gegen die Mehrproduktproduzenten, der Reichen gegen die Armen.

Sobald wir einen Staat in der Geschichte finden, wissen wir, daß es Ausbeuter und so viele Ausgebeutete gibt, daß die Ausbeuter sich gegen sie schützen müssen. Nun können wir sagen, daß die Übergangsperiode beendet ist, die Sklavenhaltergesellschaft begonnen hat.

Völlig anders verhält es sich natürlich mit dem sozialistischen Staat, in dem die Arbeiter, die ehemals ausgebeuteten Mehrproduktproduzenten die Macht ausüben. Der sozialistische Staat dient der Abschaffung der Ausbeutung, der Vorbereitung der klassenlosen Gesellschaft.

Die frühesten Staaten entstanden wohl in China, Babylonien, Assyrien, Ägypten und einigen anderen Ländern des Mittleren Ostens. In Griechenland können wir mit Bestimmtheit von Staaten erst im 6. Jahrhundert vor unserer Zeitrechnung sprechen – wieviel früher in den anderen hier genannten Ländern wissen wir nicht genau.

DRITTES KAPITEL

Die Produktivkraft Sklave und die Entwicklung von Kultur und Wissenschaft

Trennung in geistige und körperliche Arbeiter

In der voll ausgebildeten Sklavenhaltergesellschaft sind die Sklaven Menschen, die in Kriegen geraubt und dann im allgemeinen auf dem Markt verkauft wurden. Das Bedürfnis nach Sklaven war die wichtigste Ursache für Kriege, und die Sklaven waren die charakteristische Handelsware der Sklavenhaltergesellschaft; in geringer Anzahl wurden sie auch gezüchtet.
Keine Ware hatte so viele Güteklassen wie die Sklaven: Es gab Alte und Junge, Männer und Frauen, solche, die lesen und schreiben konnten, Lastenträger und Ruderer, Bergleute und Hausgehilfen, Beschädigte (Invalide) und Unbeschädigte usw.
Auf dem Markt konnten die Käufer sie betasten, ihre Muskeln untersuchen und ihre Zähne (wie beim Pferdekauf) und um ihren Preis feilschen.
Die Sklaven wurden als Ware und nicht als Menschen angesehen. Sie wurden darum auch nicht wie Menschen, sondern wie irgendein Werkzeug behandelt.
Die Griechen holten sich im 5. und 4. Jahrhundert vor unserer Zeitrechnung Sklaven aus Phrygien und Lydien, aus Paphlagonien, Karien und Thrazien, aus

Illyrien, Skythien und Syrien, aus der Kolchis, von Malta, Armenien, Palästina, Phönizien, Ägypten, den Balearen und Italien. Familien konnten getrennt oder zusammen gekauft werden, Ehepaare, Mütter und Kinder wurden, wenn der Käufer es wünschte, roh auseinandergerissen.

Zu Tausenden, zu Millionen mußten sie im fremden Lande, fern von der Heimat arbeiten. Als der römische Feldherr Ämilius Paulus im Mazedonischen Kriege gesiegt hatte, ließ er 150000 Menschen in die Sklaverei verkaufen.

Was sind das für Produktionsverhältnisse, in denen der eine, der Ausbeuter, alles zum Eigentum hat: die Rohstoffe (also zum Beispiel die Wolle) und die Werkstätte, das Produktionsinstrument (den Webstuhl) und schließlich auch den arbeitenden Menschen, den Sklaven? Wie funktioniert eine Wirtschaft, in der die Mehrheit der Arbeitenden Sklaven sind? Wie entwikkeln sich in einer solchen Gesellschaftsordnung die Produktivkräfte?

Lange bevor die Sklavenhaltergesellschaft voll ausgebildet war, in den alten orientalischen Reichen, zeigte sich eine wichtige Seite des großen Fortschritts, den die Sklavenhaltergesellschaft brachte: Sie ermöglichte es, große Massen von Menschen an eine ungelernte, aber die Produktivität der Landwirtschaft enorm steigernde Arbeit zu stellen – an die Bewässerung und Entwässerung des Landes.

Die einfache Kooperation, die Zusammenarbeit von

Dutzenden, Hunderten, schließlich von Tausenden ungelernten Arbeitern, die die gleiche einfache Arbeit machen – graben, Erde wegtragen usw. – war in der Urgemeinschaft unmöglich.
Erst das zu Ende der Urgemeinschaft vorhandene gewisse Mehrprodukt ermöglichte die Beschäftigung von Sklaven mit Irrigationsarbeiten (Be- und Entwässerung), die wieder das Mehrprodukt in der Landwirtschaft bedeutend steigern, so daß die Beschäftigung von immer mehr Sklaven möglich wird. Bis schließlich die Sklavenhaltergesellschaft die Bildung großer, volkreicher Staaten erlaubt.
Wie betrachtet der Sklavenhalter seinen Sklaven, und wie beschäftigt er ihn in der höchsten Form der Sklavenhaltergesellschaft – in Griechenland und später in Rom?
Man kauft sich einen Sklaven, man gibt Geld für den Kauf der Ware Sklave aus, damit der Sklave für einen arbeitet, und zwar will man ihn für lange Zeit beschäftigen. Für die Arbeit in einem Obstgarten, in dem nur im Frühjahr und im Herbst viel zu tun ist, wird man keinen Sklaven kaufen, denn dann müßte man ihn ja im Winter und im Sommer durchfüttern. Das wäre unwirtschaftlich, unökonomisch.
Der Sklave ist eine Produktivkraft, die man nur für Dauerbeschäftigung kauft, also für Hausarbeit, für Arbeit in Bergwerken, auf Schiffen, in gewerblichen Betrieben, die das ganze Jahr über laufen, wie in Textilbetrieben, Töpfereien, bei der Waffenherstellung und auch für

großen landwirtschaftlichen Besitz, auf dem immer etwas zu tun ist.

Der Sklave kann im allgemeinen nur mit einfacher Arbeit beschäftigt werden. An irgendeiner Qualitätsarbeit, an irgendeiner besonderen Leistung ist der Sklave nicht interessiert, denn alles, was er produziert, fällt ja seinem Herrn zu.

(Eine Ausnahme bilden oft Handwerker, die zu Sklaven gemacht wurden, und die manchmal unter schlimmsten Verhältnissen ihre Liebe zur Arbeit behalten.)

Einen Sklaven etwas lernen zu lassen, sieht man in der Sklavenhaltergesellschaft im allgemeinen als eine nutzlose Verschwendung an, da man ihm ja während der Lehrzeit gewissermaßen ein Stipendium geben, ihn umsonst ernähren und kleiden müßte.

Je höher also das technische Niveau einer Arbeit, desto weniger kommen Sklaven für sie in Frage. Wir sehen, daß eine Gesellschaftsordnung, die auf Sklavenarbeit beruht, in ihrer technischen Entwicklung stark gehemmt ist; die Sklavenarbeit fesselt den technischen Fortschritt.

Gleichzeitig verlangt aber gerade die Sklavenarbeit einen großen technischen Fortschritt – nämlich die Zerlegung eines komplizierten Arbeitsprozesses in mehrere einfache.

Wenn der gelernte Handwerker, der einen ganzen Wagen baut, durch 10 Sklaven ersetzt werden kann, die jeder nur einen Teil des Wagens bauen, was natürlich viel einfacher ist, dann ist das ein technischer Fortschritt. Der Sklave übt sich immer besser in der Herstellung eines einfachen Produktes, die Produktion von Wagen geht schneller, und es können mehr produziert werden als zuvor. Aus der kleinen Werkstatt kann jetzt ein größerer Betrieb mit 10 oder 20 oder gar 100 Sklaven werden.

Einen solchen Betrieb, in dem von vielen Sklaven jeder einen Teil der Arbeit leistet, die früher insgesamt der Handwerker tat, nennt man einen Manufakturbetrieb. Solche Manufakturbetriebe gab es in Griechenland und im römischen Reich.

Später, im 16. und 17. und 18. Jahrhundert, gab es Manufakturen in England, Frankreich, Italien und Deutschland, aus denen sich Fabriken, Betriebe mit Maschinen entwickelten.

Das wäre in der Sklavenhaltergesellschaft nicht möglich gewesen, denn niemals hätte man Sklaven an die Maschinen setzen können. Da die Sklaven auf jeden Fall ernährt werden mußten, ob die Maschinen laufen oder nicht, wären sie stets interessiert daran gewesen, daß irgendeine Kleinigkeit an den Maschinen nicht funktionierte und sie nicht zu arbeiten brauchten.

Hier sehen wir einmal, welche Rolle die Produktionsverhältnisse für die Entwicklung der Produktivkräfte spielen. Stehen die Menschen im Produktionsverhältnis der Sklaverei, dann ist es unmöglich, daß die Menschen die Produktivkraft Maschine entwickeln. Wenn damals vielleicht jemand auf die Idee gekommen ist, eine erste Art von Maschine zu bauen, dann konnte die Gesellschaft nichts damit anfangen, die Maschine wurde nicht gebraucht, sie wurde auf den Rumpelboden der Geschichte gestellt, und der kühne Techniker, der die Maschine erfunden hat, ist für immer vergessen.

Die Sklaven führten im allgemeinen ein sehr schlechtes Leben. Wenige Ausnahmen gab es, wenn es sich um solche handelte, die, bevor sie Sklaven wurden, als Handwerker, Wissenschaftler oder Künstler gebildete Menschen waren.

Natürlich wurden die Sklaven, solange sie arbeiten konnten, einigermaßen ernährt, denn man hatte sie ja zum Arbeiten gekauft, man hatte »Geld in sie hineingesteckt«.

War gerade Knappheit an Sklaven, weil kein Krieg geführt wurde oder ein Krieg noch keine Sklaven eingebracht hatte, wurden sie ein wenig besser behandelt. Hatte aber ein Krieg gerade viele Sklaven gebracht, waren sie also billig auf dem Markt zu erwerben, dann wurden sie schlechter behandelt. In solchen Zeiten war es vorgekommen, daß Sklaven von reichen Sklavenbesitzern sogar zu Fischfutter zerschnitten und den Goldfischen im Gartenteich des reichen Herrn hingeworfen wurden.

Wahrlich, die Sklaverei war eine furchtbare Einrichtung, brachte erschreckenden Rückschritt, grausamstes Elend für die Menschen!

Und doch – wir sagen mit vollem Recht, die Gesellschaftsordnung der Sklavenhalter war eine höhere, war fortschrittlicher als die Urgemeinschaft. Warum – wie kann das sein?

Wir hatten schon von der großen Steigerung der Produktivität durch die Ausdehnung der einfachen Kooperation zum Beispiel bei der Bewässerung des Landes gesprochen. Doch gibt es noch einen anderen sehr wichtigen Grund.

Engels sagt einmal: »Ohne Sklaverei kein griechischer Staat, keine griechische Kunst und Wissenschaft; ohne Sklaverei kein Römerreich. Ohne die Grundlage des Griechentums und des Römerreichs aber auch kein modernes Europa.«

Und genauer noch erläutert er: »Es ist klar: Solange die menschliche Arbeit noch so wenig produktiv war, daß sie nur wenig Überschuß über die notwendigen Lebensmittel hinaus lieferte, war Steigerung der Produktivkräfte, Ausdehnung des Verkehrs, Entwicklung von Staat und Recht, Begründung von Kunst und Wissenschaft nur möglich vermittelst einer gesteigerten Arbeitsteilung, die zu ihrer Grundlage haben mußte die große Arbeitsteilung zwischen den die einfache Handarbeit besorgenden Massen und den die Leitung der Arbeit, den Handel, die Staatsgeschäfte und späterhin die Beschäftigung mit Kunst und Wissenschaft betreibenden wenigen Bevorrechteten. Die einfachste, naturwüchsigste Form dieser Arbeitsteilung war eben die Sklaverei.«

Und noch weiter sagt Engels: »Solange die wirklich arbeitende Bevölkerung von ihrer notwendigen Arbeit so sehr in Anspruch genommen wird, daß ihr keine Zeit zur Besorgung der gemeinsamen Geschäfte der Gesellschaft – Arbeitsleitung, Staatsgeschäfte, Rechtsangelegenheiten, Kunst, Wissenschaft etc. – übrigbleibt, solange mußte stets eine besondre Klasse bestehen, die, von der wirklichen Arbeit befreit, diese Angelegenheiten besorgte; wobei sie denn nie verfehlte, den arbeitenden Massen zu ihrem eigenen Vorteil mehr und mehr Arbeitslast aufzubürden.«

Also:

Den Sklaven verdanken wir die Entstehung der Kultur und der Wissenschaft. Keine Dichtkunst und Malerei, keine Geschichtsschreibung und Technik, keine Astronomie und kein Roman, kein großes Werk der Architektur und keine Philosophie ohne Sklaven.

Natürlich gab es kleine Anfänge von alledem vor der Einrichtung der Sklaverei – ja, es gab bereits ganz herrliche Malereien gelegentlich in Höhlen, die wir noch heute bewundern; auch einige schöngeformte Töpfe und Gefäße aus Bronze und Eisen. Aber das waren Ausnahmen, Einzelergebnisse in der Geschichte der Menschen. Erst Sklavenstaaten brachten eine große Kultur, ein hohes wissenschaftliches Niveau.

Denn der Künstler, der Wissenschaftler, der Rechtgeber und Lenker der Staatsgeschäfte – sie brauchen Zeit, um sich ihrer Aufgabe widmen zu können. Sie müssen befreit sein von der den ganzen Tag raubenden harten Kleinarbeit zur Produktion von Nahrungsmitteln und Geräten des täglichen Lebens.

In einer Zeit, in der diese körperliche Arbeit noch den ganzen Menschen erfordert, in der Hunderttausende und Millionen Menschen 12 und 14 Stunden mit den Händen arbeiten müssen, damit einige Hundert dichten und denken können, in einer solchen Zeit ist die jetzt einsetzende Trennung in geistige und körperliche Arbeit eine Notwendigkeit. Natürlich führt das zu einer einseitigen Entwicklung des Menschen.
Sobald jedoch die Produktivkräfte so gewachsen sind, daß die große Masse der Menschen nicht mehr den ganzen Tag in der Produktion mit den Händen arbeiten muß, damit eine kleine Gruppe von Menschen, wie Engels sagt, die Leitung der Arbeit, die Staatsgeschäfte, Kunst und Wissenschaft betreiben kann, fordert die Gesellschaft eine Änderung der Verhältnisse.
Darum führen wir heute in unserer sozialistischen Gesellschaft den polytechnischen Unterricht ein, fordern, daß möglichst jeder von Zeit zu Zeit in der Produktion arbeitet, und wir sorgen vor allem dafür, daß die, die in der Produktion arbeiten, mehr und mehr an der Leitung der Staatsgeschäfte teilnehmen sowie Kunst und Wissenschaft betreiben können. Der Sozialismus mit seiner gewaltigen Steigerung der Produktivkraft bringt erst den allseitig gebildeten, allseitig arbeitenden Menschen, den Menschen, der geistig und körperlich tätig ist, der stolz ist, sowohl geistig wie körperlich arbeiten zu können. Erst wenn die Menschen so allseitig ausgebildet sind, kann man auch von gebildeten Nationen sprechen.

Aber bei dem Stand der Produktivkräfte nach dem Untergang der Urgemeinschaft war die Sklaverei die einzig mögliche Einrichtung, um die Fortentwicklung der Menschheit zu sichern.

In diesem Sinne können wir sagen: Auch wenn die Sklaven selbst ein viel zu schlimmes, unterdrücktes, quälendes Leben voller Not und Pein hatten, um große Gedanken zu entwickeln und Werke der Schönheit zu ersinnen, sind sie es doch, denen wir die große Kultur und Wissenschaft Griechenlands und Roms und schließlich auch, wie Engels sagt, den Sozialismus verdanken.

Auf ihrem Rücken wurde dieser gewaltige Fortschritt in der Geschichte der Menschheit erreicht, von ihrer Hände Arbeit lebten die großen Kulturträger der Sklavenhaltergesellschaft. Ohne sie hätten weder Praxiteles noch Aristoteles, noch Archimedes, noch Pythagoras wirken können.

Bedeutung der wirtschaftlichen Verhältnisse für Wissenschaft und Kunst

Alles Dichten, Denken und Fühlen der Menschen, ihre Bilder und Bauwerke, ihre philosophischen Gedanken und astronomischen Forschungen werden zum wesentlichen Teile von der Wirtschaft, von der Ökonomik, von den Produktionsverhältnissen bestimmt – manchmal nur indirekt, bisweilen kaum spürbar, aber zumeist sehr deutlich und direkt.

Daß das so ist, war eine Entdeckung von ganz ungeheurer Bedeutung, die Marx und Engels gemacht haben. Und noch etwas anderes, damit Zusammenhängendes und sehr Wichtiges haben sie gefunden: daß nämlich die Menschen verschiedener Klassen über das gleiche sehr verschieden dichten und denken. Sobald Klassen entstanden sind, sobald eine Klassengesellschaft existiert, denken und fühlen die Menschen vom Klassenstandpunkt aus, so, wie es für ihre Klasse am besten ist, so, wie es auch nur vom Standpunkt ihrer Klasse aus ihnen möglich ist.
Wenn wir irgendwelche Werke der Kultur und Wissenschaft betrachten oder studieren, müssen wir uns fragen: Was für ökonomische Verhältnisse stecken dahinter? Und: Welchen Klassenstandpunkt vertritt der Dichter oder Denker?
Wenn wir zum Beispiel in der Geschichte lernen, daß sich die Wissenschaft der Astronomie gerade im alten Ägypten besonders gut entwickelt hat, dann interessiert es uns natürlich, warum das so war.
Ganz falsch wäre es, einfach anzunehmen, daß die Ägypter gerade für Astronomie besonders begabt waren.
Der Grund für die Beschäftigung der Ägypter mit Astronomie war ein ganz anderer. Bekanntlich ist der Hauptstrom Ägyptens der Nil, der in seinem unteren Lauf von Zeit zu Zeit, periodisch, über seine Ufer tritt und das Land mit fruchtbarem Schlamm bedeckt.
Wenn aber zur falschen Zeit gesät worden ist, dann

zerstört der Schlamm die Ernte, statt den Boden für den Getreideanbau fruchtbar zu machen.
Es kam also darauf an, festzustellen, wie oft und wann der Nil über die Ufer tritt – dazu aber brauchte man eine Einteilung der Zeit, einen Kalender. Einen Kalender aber kann man nur mit Hilfe der Beobachtung von Sonne und Mond aufstellen.
Und so, aus den Bedürfnissen der Landwirtschaft heraus, ergab sich in Ägypten die Beschäftigung mit der Astronomie – aus den Bedürfnissen der Landwirtschaft heraus wurden Kalenderberechnungen aufgestellt.
Auch bei der Kunst, zum Beispiel beim Pyramidenbau, entdecken wir einen Zusammenhang zwischen Architektur und den wirtschaftlichen Verhältnissen.
Um Pyramiden zu bauen, braucht man riesige Massen von Menschen, wie man sie in der Urgemeinschaft niemals zusammenbringen konnte, schon weil so viele Menschen, die nicht Ackerbau oder Viehzucht trieben, nicht ernährt werden konnten. So schwer die Arbeit dieser vielen Tausende von Menschen am Pyramidenbau aber auch war, es war ungelernte Arbeit. Es genügte, wenn nur einige gelernte Bauleute, Architekten oder Ingenieure, wie wir heute sagen würden, die notwendigen Berechnungen machen konnten.
Darum war es möglich, diese Arbeit von Sklaven durchführen zu lassen. Es genügte beispielsweise, wenn auf 100 Sklaven 1 Meister kam, der ein wenig

von Architektur verstand, und auf 10 Meister und 1000 Sklaven 1 richtiger Architekt oder Ingenieur. Anders war das schon in Griechenland.
Um aber die griechische Architektur und überhaupt die griechische Kultur zu verstehen, müssen wir zuerst noch von einer besonderen ökonomischen Entwicklung sprechen, nämlich von der Trennung zwischen Stadt und Land.

Trennung von Stadt und Land

Wir hatten gesehen, wie in der Urgemeinschaft die Teilung zwischen landwirtschaftlicher und handwerklicher Arbeit entstand.
Aber die Handwerker lebten damals noch mit den landwirtschaftlich Arbeitenden zusammen. Zuerst waren es vielleicht nur der Sohn in einer Familie von Ackerbauern oder die Frau eines Viehzüchters, die sich mit handwerklichen Arbeiten beschäftigten. Es gab keine Handwerkerfamilien, keine Handwerkerwohnviertel oder gar Handwerkerstädte.
Allmählich wurde das anders.
Zum Beispiel wurde für den obersten Kriegsführer ein besonderes Haus gebaut, in dem auch die Waffen, die man nicht täglich für die Jagd, sondern speziell für den Krieg gebrauchte, aufbewahrt wurden.
So entstand allmählich das, was wir später Burgen nennen.

Zur Pflege der Waffen, zu ihrer Reparatur und zur Herstellung neuer Waffen wurden Handwerker gebraucht, die dann in der Burg oder in ihrer Nähe wohnten; so entstand eine Handwerkersiedlung innerhalb der großen Gemeindesiedlung von Ackerbauern und Viehzüchtern.

Bisweilen wurde auch an einem günstigen Platz – etwa am Zusammenfluß zweier Flüsse – der sich besonders gut zum Handel, also als Marktplatz eignete, eine Art von Burg zum Schutz des Marktes errichtet. Hier siedelten sich dann auch Handwerker an, um dem Markt nahe zu sein und so leichter ihre Waren zu verkaufen. Auf diese und andere Weise entstanden allmählich Burgen und dann Städte, in denen mehr und mehr Handwerker wohnten.

Wächst aber die Zahl der Handwerker, dann ist es auch möglich, daß sie sich immer mehr spezialisieren. Wo nur ein Schmied ist, muß dieser alle Schmiedearbeit leisten. Wo zehn Schmiede sind, können sich die einzelnen spezialisieren: auf Waffenschmiede-, Messerschmiede-, Wagenschmiede-, Kunstschmiede- und viele andere Schmiedearbeiten. Dadurch steigt ihre Leistungsfähigkeit, ihre Produktivität.

Je mehr Städte es in einem Lande gibt und je stärker die Städte wachsen, desto besser wird im allgemeinen der Stand der handwerklichen Arbeiten, desto größer die Kunstfertigkeit der Handwerker, desto höher die Handwerkskultur.

In Griechenland war mit dem weiteren Wachstum des

Mehrprodukts die Städtebildung weiter fortgeschritten als in Ägypten. Darum war zum Beispiel auch die handwerkliche Kultur, und unter anderem auch die Baukultur, höher entwickelt.

Man kann nicht sagen, daß ein griechischer Tempel ein größeres Bauwerk ist als eine ägyptische Pyramide. Beide sind großartige und jedes in seiner Art schöne Werke der Architektur. Aber niemand kann bestreiten, daß ein griechischer Tempel mit seinem herrlichen Fries und seinen schönen Figuren ein reicheres, vielseitigeres Kunstwerk als eine Pyramide ist.

Einen griechischen Tempel konnte man aber nicht mit 1 Meister auf 100 Sklaven bauen. Dazu brauchte man viele tüchtige Handwerker.

Die griechische und später die römische Architektur (und ihre Kultur überhaupt) gingen aus Produktionsverhältnissen hervor, in denen neben den Sklaven auch die Handwerker eine große Rolle spielten. Wir wissen zum Beispiel, daß beim Bau des Erechtheions in Griechenland um 410 vor unserer Zeitrechnung 16 Sklaven, 35 Metöken (das sind freie Ausländer, die keine Bürgerrechte haben) und 20 Handwerker, freie Bürger, beschäftigt waren.

Hier erkennen wir wieder sehr deutlich, welchen Einfluß die Produktionsverhältnisse auf die Architektur haben – wie unterschiedliche Architekturen entstehen, wenn fast nur Sklaven verwandt werden, oder wenn neben den Sklaven auch viele Handwerker am Bau beteiligt sind.

Und so wie beim Bau, verhält es sich auch bei der Waffenherstellung, bei der Produktion von Kleidung und Töpfen und zahlreichen anderen Dingen.
Gehen wir, um das zu studieren, in eine große Handwerksstätte oder eine Manufaktur einer griechischen Großstadt, zum Beispiel Korinths.
Wir betreten eine Töpferei, in der an einem langen Tisch 20 Sklavinnen stehen und auf der Töpferscheibe eintönig, einförmig ihre glatten einfachen Töpfe herstellen – Massenware für den Markt, auf dem die Masse der Korinther ihre Waren kauft.
Wenn ein Junge zu Hause einen solchen Topf zerbricht, wird er natürlich ausgeschimpft, aber das Unglück ist nicht zu groß.
Neben diesem langen Saal, in dem die 20 Sklavinnen ihre Massenware herstellen, gibt es einen Raum, in dem nur 3 Arbeiter beschäftigt sind. Das sind im allgemeinen keine Sklaven, sondern hochgelernte freie Arbeiter. Sie stellen keine Massenware her. Wenn eine Sklavin 20 Töpfe geformt hat, dann ist einer dieser Arbeiter mit einem einzigen Topf noch nicht fertig. Aber dieser Topf ist ein handwerkliches Kunstwerk. Ein hoher Staatsbeamter oder ein reicher Händler wird ihn zum fünfzigfachen Preise des von Sklaven hergestellten Topfes kaufen.
Und heute liegt vielleicht ein Teil dieses Topfes, eine Scherbe, in einem Museum, wo wir die hohe Kunst des alten Griechenland bewundern.
Wieder sehen wir den großen Einfluß der Produktions-

verhältnisse – ob Sklavenarbeit oder freie Handwerkerarbeit – auf die Kunst.

Zugleich aber, wenn wir uns die Scherbe des Topfes, die im Museum liegt, näher ansehen, erkennen wir auch, wie in der Kunst der Klassenstandpunkt zum Ausdruck kommt.

Der Topf war für einen reichen Mann aus der Klasse der Sklavenhalter bestimmt und sollte ihm Freude bereiten. Da ist es denn kein Wunder, daß wir auf der Scherbe einen großen Mann in bunter Farbe gemalt sehen, und ihm zu Füßen hingestreckt ist eine schöne Sklavin, die ihm einen Becher Wein reicht.

Wir können in allen Museen der Welt suchen – und werden doch nirgends einen Topf finden, auf dem ein Sklave abgebildet ist, der gegen einen reichen Griechen drohend die Faust erhebt. Solch einen Topf hätten nur die Sklaven gern gekauft – und die hatten kein Geld dafür.

Ein reicher Grieche aber hätte niemals einen solchen Topf in seinem Haus geduldet. Das wäre ja direkt eine Aufforderung an die Sklaven zum Ungehorsam gewesen!

Ein Beispiel dafür, wie der Klassenkampf schon ganz, ganz früh, bereits in der Übergangszeit von der Urgemeinschaft zur Sklavenhaltergesellschaft, als die Klassen gerade erst im Entstehen waren, die Kultur bestimmt, finden wir in der »Ilias«:

Viele Jahre hatten die Griechen Troja belagert und immer noch keinen wirklichen Erfolg gehabt. Da wollte ein Teil des einfachen Volkes nach Hause, zur Familie, in die teure Heimat zurückkehren. Im Gegensatz zu den großen Kriegsführern würden sie ja auch kaum etwas von der Beute abbekommen. Der Redner für die, welche Frieden und in die Heimat wollten, hieß Thersites.

Und nun sehen wir uns an, wie Homer, der den Klassenstandpunkt der großen Kriegsführer vertritt, den Thersites schildert: als den häßlichsten Mann im Heere, mit einer Art Buckel, er hinkt, er schielt, hat nur ein paar Haare auf dem Kopf, und seine Stimme kreischt.

So also wird der Vertreter der Interessen der einfachen Soldaten von dem Dichter dargestellt, ein wahrer Menschenschreck, von dem sich alle angeekelt abwenden. Das nennt man Dichtung vom Klassenstandpunkt, und wir sehen, wie schon in der allerfrühesten Zeit der Klassenbildung auch Klassendichtungen entstehen.

Es gibt allerdings noch eine andere Auffassung als die, daß Homer den Klassenstandpunkt der großen Kriegsführer vertritt.

Die Schriftstellerin Lieselotte Welskopf-Henrich zum Beispiel, die eine ausgezeichnete Kennerin der Klassenverhältnisse in der Sklavenhaltergesellschaft ist, meint, daß Homer großes Verständnis für die Wünsche der einfachen Soldaten hatte. Aber er konnte ihre Wünsche nur vorbringen, wenn er sie einer so scheußlichen Gestalt wie Thersites in den Mund legte, andernfalls wäre er wegen Verstoßes gegen die militärische Disziplin getötet worden. Homer hat also auf so verkleide-

te Weise von den wahren Wünschen des Volkes berichten wollen.
Wir wissen nicht, wer recht hat, aber in jedem Fall ist klar, daß der Einfluß des Klassenkampfes von Homer verlangt, den Thersites als abscheulich aussehenden Menschen darzustellen.
Am deutlichsten kommen der Klassenstandpunkt oder, wie wir es auch nennen können, die Klassenideologie und zugleich die grausam elende Lage der Sklaven darin zum Ausdruck, daß kaum ein Werk der Dichtung oder der Prosa, daß keine Religion uns aus der Zeit der Ägypter oder Griechen oder Römer überkommen sind, in denen die Befreiung der Sklaven aus ihren grausamen Verhältnissen gefordert wird.
Weder von Aristoteles, dem Größten aller Wissenschaftler vor Hegel, noch von den Dichtern, die Verse voll Kummer über manches Unrecht in dieser Welt in uns heute noch bewegenden Worten geschrieben haben.
Auch Jesus, der einflußreichste und für seine Zeit durchaus fortschrittliche Religionsstifter der Geschichte – auch er dachte niemals daran, die Abschaffung der Sklaverei zu fordern.
Nur eine Ausnahme gibt es: eine Gruppe von Philosophen, die sich nach dem Tode von Sokrates bildete. Bezeichnend für den Klassenstandpunkt der Herrschenden ist wiederum, daß sie die Hündischen (auf Griechisch: die Kyniker) hießen.
Und die Sklaven? Gibt es keine Sklavenliteratur, so wie

es eine Bauernliteratur einige Jahrhunderte später gibt? Nein, eine Sklavenliteratur gibt es nicht. Konnten doch die Sklaven im allgemeinen weder lesen noch schreiben und sprachen sie doch in den tausend Zungen des Römischen Reiches, hatten keine Gemeinschaft der Rede miteinander, da sie aus dem Osten und Westen, dem Norden und Süden zusammenkamen.

Sicherlich sangen die Sklaven Lieder – bei der Arbeit, am späten Abend, wenn sie müde der fernen Heimat gedachten, auch wohl Verse der Liebe und des Leides, vielleicht auch leise Strophen voll Zorn und Empörung über ihr Los, gegen ihre Peiniger, die Sklavenhalter.

Gelegentlich vereinten sie sich auch zu kleineren Organisationen, allerdings nur solche, die aus gehobeneren Schichten zur Sklaverei verdammt worden waren.

In Sklaverei geratene Dichter, die allgemein Gebildeten, verfaßten auch Werke – Äsop seine berühmten Fabeln – aber dann schrieben sie nicht als Sklaven über Sklaven für Sklaven.

So schlimm war die Lage der Sklaven und so gleichgültig ihnen gegenüber die Haltung der Herren des Landes, auch fortschrittlicher Demokraten, daß nichts aus jener Zeit aufgezeichnet und uns überkommen ist, das vom Sklavenstandpunkt über das Leben der Sklaven berichtet. Das Singen der Vögel und das Quaken der Frösche hat man wohl damals vermerkt, nicht jedoch die klagenden Seufzer sterbender Sklaven oder die stolzen Kampfesrufe wider ihre Unterdrücker aufstehender Knechte.

So weit war die Klassenkluft! So weit, daß die einfache, aber doch so wichtige Arbeit der Sklaven als eine Sache der Unehre angesehen wurde. Ungelernte Arbeit zu tun, war eines Bürgers nicht würdig; sie erniedrigte den Menschen.

Spartakus kämpft

Wohl aber sind uns Berichte heldenhafter Kämpfe der Sklaven überkommen. Berichte von Klassenschlachten großen Ausmaßes. Natürlich in der Schrift der Herren, der herrschenden Klasse, der Sklavenhalter – bisweilen voll erstaunter Bewunderung für den Mut, für die Geschicklichkeit, mit der die so verachteten Sklaven kämpften.

Wie schwer war es, solche Kämpfe zu führen, wie unsagbar schwer, auch nur einen Streik zu beginnen, sich zu weigern, weiterzuarbeiten.

Betrachten wir noch einmal die Belegschaft beim Bau des Erechtheions: Dort waren 16 Sklaven, 35 Metöken und 20 freie Bürger beschäftigt.

Die Sklaven arbeiteten unter den härtesten Bedingungen, ohne Lohn, gegen kümmerliche Ernährung, Kleidung und Behausung. Die Metöken erhielten Lohn, wenig nur, aber sie kamen sich besser vor als die Sklaven, blickten auf sie herab und wollten keine Gemeinschaft mit ihnen haben. Die freien Bürger bekamen einen höheren Lohn als die Metöken, die Fremden, und verdienten zum Teil gar nicht schlecht. Aber ob nun der Lohn wenig oder viel besser war, sie blickten auf die Metöken herab, die keine Bürger waren und auf den Versammlungen des Volkes zur Beratung und Abstimmung nicht erscheinen durften. Und die Sklaven standen so tief unter ihnen, daß sie sie kaum eines Blickes würdigten.

Wer würde einen Streik mitmachen, wenn die Sklaven ihn planten? Was für gemeinsame Forderungen hatten Sklaven, die keinen Lohn erhielten, und Metöken, die einen höheren Lohn wollten?

Und die freien Bürger, die in der Volksversammlung für den Bau des Erechtheions gestimmt hatten? Würden sie nicht vielleicht überhaupt den Metöken drohen, ihnen, den Fremden, falls sie streikten, das Aufenthaltsrecht in der Stadt zu entziehen?

Nein, beim Bau des Erechtheions wurde wohl nicht gestreikt, weil keine Einheitsfront der Ausgebeuteten zustande kommen konnte.

Eher war es möglich, dort zu streiken, wo überwiegend Sklaven beschäftigt waren. Die Berichterstatter der herrschenden Klasse erzählen natürlich lieber von siegreichen Kriegen als von Streiks, und darum sind unsere Streiknachrichten mager und unzuverlässig. Aber soweit wir nach den vorliegenden Berichten urteilen können, fanden Streiks am häufigsten in Bergwerken und auf Latifundien, dem Großgrundbesitz, statt.

So hat es in der zweiten Hälfte des 2. Jahrhunderts vor unserer Zeitrechnung, um 130, ziemlich gleichzeitig

Streiks in Delos, in Attika und in Mazedonien gegeben, Streiks, die zum Teil in Aufstandsbewegungen übergingen – und führend waren unter den aufständischen Streikenden die Latifundien- und Bergarbeitersklaven.

Die Hauptklassenkämpfe in Griechenland und Rom fanden nicht zwischen Sklaven und Sklavenhaltern statt, sondern, wie Marx mehrfach hervorgehoben hat, zwischen den armen Freien – vor allem den kleinen, verschuldeten, stets in ihrem Besitz bedrohten Bauern – auf der einen Seite und den reichen Freien – den Großgrundbesitzern und städtischen Geldverleihern – auf der anderen Seite.

Dennoch weiß die Geschichte auch von einigen großen Sklavenaufständen zu berichten. Der berühmteste war der Spartakusaufstand um 73 vor unserer Zeitrechnung, an dem sich nach verschiedenen Berichten an 100 000 Menschen beteiligten. Bei ihnen handelte es sich nicht nur um Sklaven, sondern auch um arme Freie, die zumindest indirekt unter Führung des entlaufenen Sklaven Spartakus standen (Spartakus, nach dem sich der Bund der besten Kämpfer Deutschlands für Frieden und Sozialismus im ersten Weltkrieg nannte).

Die Sklaven unter Spartakus kamen vor allem von den Riesengütern Unteritaliens. Die Freien waren Knechte, Bauern, deren Existenz zerstört war, kurz Menschen, die wie die Sklaven dieser Gegenden ihren Hauptfeind im Großgrundbesitz sahen. Die Sklaven setzten sich aus vieler Länder Menschen zusammen; ein beachtlicher

Teil war aus Germanien und Gallien geraubt worden. Sie stießen gegen die Städte Unteritaliens vor, eroberten sie und mit ihnen neue Waffen. Sie besiegten die städtischen militärischen Kräfte und später die gegen sie von Rom ausgeschickten Heere.
Aber schwer war es, die Disziplin aufrechtzuerhalten, zumal die Freien meist nur folgten, nachdem die Sklavenheere den Sieg errungen hatten, zumal es auch immer wieder zu Meinungsverschiedenheiten und Streit zwischen den Sklaven so verschiedener Völker kommen mußte. Einigkeit und Geschlossenheit im Handeln sind aber notwendig, um im Klassenkampf zu siegen.
Drei Jahre lang konnten sich die Heere der Sklaven behaupten – eine einzigartige Leistung dieser so grauenhaft unterdrückten Klasse und ihres genialen Führers Spartakus. Dann wurden sie von der überlegenen militärischen Macht Roms besiegt.
Wer nicht wie Spartakus im Kampfe fiel, der wurde ans Kreuz geschlagen und hängengelassen, bis der letzte Atem entfloh, während Krähen und andere Vögel bereits die Augen auspickten und den Körper mit ihren spitzen Schnäbeln durchlöcherten.

Das Ende der Sklavenhaltergesellschaft naht

Wie kam es nun, daß die Sklavenhaltergesellschaft zu Ende ging? Was führte zum Untergang der Sklavenhaltergesellschaft?

In China ging die Sklavenhaltergesellschaft wesentlich früher zugrunde, als es in Europa der Fall war. Die neue Gesellschaftsordnung, die feudale, begann eher und reicher zu blühen als die Europas. Bereits zur Han-Zeit (2. Jahrhundert vor unserer Zeitrechnung) entwickelten sich in China feudale Kultur und Wissenschaft in solchem Grade, daß China bald Europa überholte.

Niemand wird irgendeine Sklavenhaltergesellschaft an Größe und Großartigkeit mit der Griechenlands gleichstellen – niemand eine feudale Gesellschaft der Chinas im Rang an die Seite setzen.

Unsere allgemeine Kenntnis von der Zersetzung der Sklavenhaltergesellschaft und ihrem Übergang zur feudalen ist sehr gering für alle Gebiete der Welt, wo wir einen solchen Übergang betrachten können, mit Ausnahme Europas.

Darum sei er am Beispiel des Römischen Reiches studiert.

Wir müssen zuerst die Produktivkräfte und Produktionsverhältnisse untersuchen.

Stets wogt zwar der Klassenkampf der Unterdrückten gegen die Ausbeuter.

Um aber den Klassenkampf zu einer siegreichen Revolution zu steigern, in der die herrschende Klasse gestürzt und eine reaktionär gewordene alte Gesellschaftsordnung durch eine neue fortschrittliche ersetzt wird, müssen bestimmte historische Bedingungen herangereift sein. Das gelingt erst, wenn die alte Ordnung die weitere Entwicklung der Produktivkräfte auf das stärkste hemmt oder sogar die Produktivkräfte zum Niedergang verurteilt, wenn darum die herrschende Klasse – teils wegen der ökonomischen Zustände, teils unter dem Druck des immer stärker wachsenden Massenwiderstandes – mürbe geworden ist. Erheben sich unter solchen Verhältnissen die Massen der Unterdrückten, gehen sie unter solchen Verhältnissen zum Generalangriff auf die herrschende Klasse los, die natürlich ihre Herrschaft niemals freiwillig aufgibt, dann können sie den Sieg über den Klassenfeind erringen.

Wenn wir uns überlegen, worin die Steigerung der Produktivkräfte in der Sklavenhaltergesellschaff bestand, dann können wir folgendes feststellen:

1. In der Landwirtschaft finden wir eine starke Erhöhung der Produktivität durch die Anlegung von Irrigationssystemen größten Ausmaßes schon in den alten Reichen des Orients. Die Griechen führten bereits etwa im 4. Jahrhundert vor unserer Zeitrechnung die Dreifelderwirtschaft ein (ein Feld wurde mit Sommergetreide, ein zweites mit Wintergetreide bestellt, und ein drittes lag brach, um neue Kraft zu sammeln). Die Römer entwickelten die Latifundienwirtschaft.

2. Für die Gartenwirtschaft, die Zucht von Obst und Gemüse, brachte die Sklavenhaltergesellschaft sehr großen Fortschritt – aber nicht durch die Arbeit von Sklaven, sondern durch die der kleinen Bauern und freien Gärtner. Diese waren am Mehrprodukt beteiligt, beziehungsweise wenn es ihnen weggesteuert oder

durch Verschuldung geraubt wurde, hofften sie immer noch, bald wieder etwas vom Mehrprodukt zu erhalten. Im Gegensatz zu den Sklaven waren sie daran interessiert, die Erträge im Garten zu steigern, die Produktivität zu heben, und das gelang ihnen lange Zeit hindurch.

3. Wenn in der handwerklichen Produktion Sklaven beschäftigt wurden, steigerte sich ihre Produktivität im allgemeinen nur dann, wenn es gelang, die Arbeit zu vereinfachen, so daß sie an eine immer ungelerntere Arbeit immer besser gewöhnt wurden. Wo dagegen freie (oder ehemals freie) Handwerker beschäftigt waren, stieg die Arbeitsleistung schnell an.

Also eine wirkliche Steigerung der Arbeitsleistung des einzelnen durch Verwendung besserer Produktionsinstrumente und damit im Zusammenhang eine wachsende Arbeitserfahrung finden wir meist dort, wo Bauern Gartenbau und Handwerker kleinere Werkstätten betrieben. Die Sklaven aber schufen ungeheure Mehrproduktmengen durch ihre gewaltige Anzahl, die schließlich viele Millionen betrug, in einfacher Zusammenarbeit, in einfacher Kooperation.

Das Ende der Sklavenhaltergesellschaft mußte kommen, wenn die Zufuhr neuer Sklaven geringer wurde und die Produktivität der Bauernwirtschaften mit Gartenbau sowie der Handwerker aufhörte zu steigen oder gar absank.

Und in der Tat, beides trat ein.

Daß die Zahl der Sklaven zurückging, ist leicht zu verstehen. Ungeheure Gebiete hatte Rom erobert – in Europa, in Asien und in Afrika. Riesig waren die Entfernungen des Reiches geworden. Wo Rom siegte, wurden die Menschen versklavt. Wo Rom herrschte, herrschten die Sklavenhalter.

Und nun war die Grenze der Ausdehnung erreicht.

Mit Sklaven kann man schlecht Kriege zur Versklavung anderer Völker führen – darum konnte man für den Krieg nur relativ wenige Sklaven benutzen. Die Zahl der Freien aber reichte immer weniger. Viele brauchte man zur Verwaltung des Landes, viele drückten sich vom Kriegsdienst.

Je mehr Länder man erobert hatte, um so mehr Garnisonstruppen waren notwendig. Je ferner die Front war, je länger die Grenzen waren, um so mehr Truppen mußten zur Sicherung der Verbindungswege und der Grenzen bereitstehen.

Immer teurer an »Menschenmaterial« wurden die Kriege zur Beschaffung neuer Sklaven; immer teurer natürlich auch an Transportkosten und an Ausrüstung.

So wurden die Sklavenraubkriege kostspieliger und brachten weniger ein. Der Zustrom neuer Sklaven floß immer dünner.

Natürlich wurden den Sklaven auch Kinder geboren, die wieder Sklaven wurden. Aber bei ihrer elenden Lage war die Zahl der Kinder, die am Leben blieben, im allgemeinen nicht sehr groß. Sie konnten keineswegs den Ausfall von Sklaven durch Raub ganzer Bevölkerungen ersetzen.

So nahm die Zahl der Sklaven immer weniger zu, und am Ende nahm sie sogar ab.
Wir sehen hier deutlich, wie die Grundlage, auf der die Wirtschaft der Römer aufgebaut war, auf der die ganze Gesellschaft Roms basierte, schwächer wird und zu schrumpfen beginnt.
Aus diesen und aus anderen Gründen, die wir gleich kennenlernen werden, entsteht eine Art andauernder, permanenter Wirtschaftskrise im Römischen Reich.
Die Wirtschaft funktioniert nicht mehr. Der Handel läßt nach, Waren lassen sich schwieriger verkaufen, und so müssen zahlreiche Sklavenhalter einen Teil ihrer Sklaven verkaufen.
Aber es finden sich nur wenige Käufer. Wenn nicht genügend Käufer da sind, muß man die Sklaven weiter ernähren und kleiden, weil sonst das für ihren Erwerb angelegte Geld verloren wäre.
Wenn nun die Waren, die die Sklaven herstellen, nicht verkauft werden können, steigen die Unkosten noch mehr an. Also geht man dazu über, Sklaven freizulassen oder Halbsklaven (Kolonen) aus ihnen zu machen. Dadurch wird die Zahl der Sklaven wiederum kleiner.
Also folgende unsinnige Situation ergibt sich: Weil zuwenig Sklaven in den Kriegen geraubt werden, entsteht eine Wirtschaftsnot. Die Wirtschaftsnot verursacht, daß zu viele Sklaven da sind, so daß man Sklaven freiläßt, wodurch noch weniger Sklaven da sind, und die Lage wird noch schlimmer.
Ein riesiges Durcheinander setzt ein, und die wirt-

schaftliche, die ganze gesellschaftliche Situation wird immer verwirrter.

Dazu kommt noch eine andere sehr wichtige Entwicklung, die wir jetzt untersuchen wollen, nämlich der Rückgang der Produktivkraft der freien, der bäuerlichen und handwerklichen Arbeit. Dieser Rückgang kam auf folgende Weise zustande:

Bekanntlich kosten Kriege riesige Mengen Geld, zumal wenn es sich um Kriege in weiter Entfernung handelt. Und wenn große Heere zum Schutz an den Grenzen und zur Unterdrückung all der Völker, deren Land von den Römern erobert worden war, notwendig sind, so kostet das noch mehr Geld.

Und wenn schließlich die herrschende Klasse der Sklavenhalter in ungeheuerlichem Luxus lebt, in großen Häusern aus edlen Steinen und Hölzern mit prachtvoller Einrichtung, Dutzende von Dienern und Dienerinnen beschäftigt, die teuersten Mahlzeiten bereiten läßt, dazu die besten Weine trinkt und viele Freunde einlädt – dann braucht sie immer größere Summen Geld, die sie durch Steuern aus der Bevölkerung herausholen muß.

Wen aber wird man besteuern? Selbstverständlich werden sich die reichen Sklavenhalter nicht selber besteuern. Die Sklaven kann man nicht besteuern, denn die besitzen nichts. Also wird man die Bauern und die Handwerker besteuern.

Und das tat man.

Wenn sein Stückchen Land dem Bauern ein kleines

Mehrprodukt brachte, dann mußte er so viele Steuern zahlen, daß ihm von dem Geld, das er für das Mehrprodukt erhielt, nichts übrigblieb. Genauso erging es dem Handwerker. Die Bauern und die Handwerker konnten schuften, soviel sie wollten – immer verschwand das Mehrprodukt beim Steuerbeamten.
Wenn es lange so geht, daß das Mehrprodukt doch in den Taschen anderer verschwindet, dann haben die Bauern und die Handwerker immer weniger Lust, ein Mehrprodukt zu schaffen. Sie strengen sich nicht mehr so an wie früher und produzieren nicht mehr so schöne Sachen, ihre Produktivität geht zurück. Bauernwirtschaft und Handwerkertum verkommen.
Also werden die Produktivkräfte der Gesellschaft schwächer – es geht wirtschaftlich und allgemein gesellschaftlich abwärts.
Wir sehen, wie sowohl die entscheidende Grundlage der Gesellschaft, die Sklaverei, schrumpft und bröcklig wird, und wie auch alle Qualitätsarbeit, die gelernte Arbeit der Bauern und der Handwerker, ihre Geltung verlieren muß.

Die Völker stehen auf

Man kann in der bisherigen Weise nicht weiterwirtschaften, nicht weiterleben. Die Gesellschaft der Sklavenhalter ist am Ende ihrer Nützlichkeit und ihrer Kräfte. Es ist an der Zeit, daß eine neue Gesellschaft kommt, mit neuen Produktivkräften, mit neuen Verhältnissen, nicht mehr mit Sklaverei-Verhältnissen in der Produktion. Das Alte ist reif, überreif zum Sturz durch etwas Neues, das die Menschheit weiterbringt. Die letzte Stunde der Sklavenhaltergesellschaft hat geschlagen.

Welches Neue aber würde das Alte zerschlagen?

Noch gab es kein allgemeines Neues. In dem Riesenreiche von Rom, das Teile dreier Kontinente umfaßte, vollzog sich der Sturz der Herrschaft Roms in unterschiedlichster Weise.

Einzelne Gebiete, zumeist Provinzen genannt, verjagten die römischen Beamten und Soldaten. Die Massen der Werktätigen, die Bauern, die Handwerker und die Sklaven, auch Hirtenstämme und andere, die zum Teil noch wie in der Urgemeinschaft lebten, hatten sich gegen Rom erhoben. Die Sklaven wurden frei, und die Bauern und Handwerker konnten wieder etwas Mehrprodukt für sich behalten.

In anderen Provinzen blieben die Vertreter Roms an der Spitze, aber sie machten sich unabhängig von Rom, bildeten eigene Reiche kleineren Umfangs und mußten, um sich halten zu können, den Massen des Volkes größere Freiheiten gewähren. Es gab auch Provinzen, in denen die früheren Herren, die die Römer unterdrückt und aus ihren wichtigsten Machtstellen vertrieben hatten, wieder die Herrschaft ergriffen. In anderen Provinzen, näher an Rom gelegenen, blieb irgendeine Form der Abhängigkeit von Rom bestehen.

Obwohl dieses Durcheinander groß genug war, finden wir noch einen Wirrwarr anderer Art.
Während in den meisten Gebieten die Sklaverei aufgehoben wurde, blieb sie in einigen weiter bestehen. Und wo sie aufgehoben wurde, gab es Gebiete, in denen die Menschen in alte Verhältnisse zurückfielen: Ohne Städte, ohne größeren Handel, ohne Geld lebten sie als Viehzüchter und Ackerbauer, ähnlich wie in der Zeit der Urgemeinschaft.
Ja, manche Gegenden, zum Beispiel in Nordafrika, verkamen, die Menschen wanderten aus, und nichts als Wildnis blieb zurück. Das Land wurde zur Wüste. Nur Ruinen erinnerten noch daran, daß hier einst Menschen unter der Herrschaft Roms gelebt hatten.
Am meisten zum Sturz der Herrschaft Roms trugen die Germanen bei. Sie stürmten die großen Schutzwälle, die die Römer gegen ihre Stämme errichtet hatten, und zogen, teils mordend und brandlegend, teils Land für Ackerbau und Viehzucht suchend, nach Italien, Spanien und Nordafrika, überall die römischen Einrichtungen zerstörend.
Die Teile Germaniens, die die Römer besetzt hatten, wurden befreit und damit auch die germanischen Sklaven. Die Germanen siedelten auch in Gallien, dem heutigen Frankreich, und brachten dort vielen Stämmen, die unterdrückt waren, wieder Freiheit. Die Germanen lebten im allgemeinen in jener Gesellschaftsform, die wir als »militärische Demokratie« gekennzeichnet hatten, also im Endstadium der Urgemeinschaft.

Engels rühmte folgende Eigenschaften der Germanen: »... ihre persönliche Tüchtigkeit und Tapferkeit, ihren Freiheitssinn und demokratischen Instinkt, der in allen öffentlichen Angelegenheiten seine eignen Angelegenheiten sah.« Er nennt sie »einen hochbegabten Stamm«, der »in voller lebendiger Entwicklung begriffen« war. So, in voller Lebenskraft stürmten die Germanen durch die westlichen Teile des Römischen Reiches, alles Morsche und Faule zertretend und vernichtend. Die Menschen konnten wieder hoffen, aus der elenden Existenz, in der sie solange gelebt hatten, herauszukommen.

In China, in Indien und anderwärts vollzog sich der Untergang der Sklavenhaltergesellschaft in vielen verschiedenen Formen. Aber überall war es so, daß die Sklavenhaltergesellschaft verkam, weil sie keine produktiven Leistungen mehr vollbrachte und zum Sturz reif war.

Wenn die Gesellschaft nicht völlig verkommen sollte, mußte sich eine große Wandlung im Leben der Menschen vollziehen, mußten an die Stelle der Sklaven-verhältnisse neue Produktionsverhältnisse treten und alte, morsche, faule Einrichtungen durch neue, frische ersetzt werden, die den Menschen wieder Mut zum Leben und zur Arbeit geben würden.

VIERTES KAPITEL

Der Feudalismus – Von der Wirkung der Freiheit auf die Produktivkräfte

Frei – und doch wieder gefesselt

Frei wurden viele Menschen in Europa im 5. und 6. und 7. Jahrhundert unserer Zeitrechnung.
Schon im 3. Jahrhundert hatte die Auflösung der römischen Sklavenhaltergesellschaft begonnen; im 8. Jahrhundert war sie beendet, und eine neue Gesellschaft war an ihre Stelle getreten, die feudale.
Nur ein halbes Jahrtausend dauerte diese Übergangszeit, in China noch kürzer, während der Übergang von der Urgemeinschaft zur Sklavenhaltergesellschaft zumeist weit länger gedauert hatte, mehr als tausend, bisweilen wohl noch viel mehr Jahre.
Im Laufe der Geschichte leben die Gesellschaften einer bestimmten Form immer kürzer, auch die Zeit der Übergänge wird jeweils geringer – weil die Entwicklung der Produktivkräfte schneller zu immer neuen Produktionsverhältnissen drängt – bis sich die werktätigen Massen in der sozialistischen Gesellschaftsordnung endlich die des Menschen würdigen und der steten Entwicklung der Produktivkräfte dienlichen Produktionsverhältnisse schaffen.
Frei wurden viele Menschen in Europa in dieser Über-

gangszeit. Aber als der Übergang zur neuen, zur feudalen Gesellschaftsordnung vollendet war, da waren sie wieder gefesselt, diesmal feudal. Sie wurden wieder ausgebeutet, wiederum konnten sie nicht über ihr Mehrprodukt verfügen. An die Stelle der Sklavenhalter waren die Feudalherren getreten, die Mehrprodukt raubten.

Und doch war die Stellung der Menschen eine ganz andere.

Sie gehörten nicht mehr ihrem Ausbeuter. Sie hatten mehr Freiheit als die Sklaven, die in jeder Beziehung unterdrückt gewesen waren. Sie konnten vielfach einen Teil des Mehrprodukts, das sie schufen, behalten. Sie hatten ein besseres Leben, auch wenn sie von einer Form der Ausbeutergesellschaft in die andere geraten waren.

Wie aber kam es, daß die Menschen, die im 5. und 6. und 7. Jahrhundert frei waren, wieder gefesselt wurden?

Wie es in Europa geschah, wissen wir recht genau.

In China, wo der Feudalismus früher zu herrschen begann, geschah es auf andere Weise als in Europa, und in Indien auf wieder andere. Auch sahen die feudalen Fesseln nicht überall gleich aus. In Europa selbst wandelten sie sich im Laufe der Klassenkämpfe. Aber wie es auch geschah und wie anders auch die Fesseln aussahen, es waren feudale Fesseln, die die Menschen nach einiger Zeit der Freiheit, falls sie solche überhaupt genossen, wieder an das Joch der Ausbeutung banden.

In Europa geschah es zumeist auf folgende Weise: Da hatte ein Bauer ein Stückchen Land, das er, froh seiner Freiheit und der Erträge des Landes, beackerte. Er hatte Vieh dazu und eine große Familie, die half, das Leben reicher zu gestalten.

Aber wenig Frieden ist ihm gegönnt. Die Zeiten sind unruhig. Die Völker wandern und suchen neues Land. Kriege drohen und werden laufend geführt. Nicht immer große, aber tausende kleine – bald hier und bald dort. Banden streichen durch das Land und überfallen die Bauern. Die Bauern müssen Schutz suchen.

Große Herren, die viel Land besitzen, Fürsten, Könige versprechen solchen Schutz, und auch die Kirche tut das. Aber natürlich muß der Bauer für den Schutz zahlen, oft mit der Abgabe des Landes, das er zwar weiter bearbeiten darf, von dessen Ertrag er nun aber etwas abgeben muß: Raub von Mehrprodukt als Bezahlung für militärischen Schutz.

Oder es geschah so – und darauf hat Marx besonders hingewiesen: Die Bauern müssen selbst als Krieger dienen. Je häufiger Kriege sind, desto öfter müssen sie auf den verschiedenen Feldzügen von zu Hause abwesend sein. Frau und Kinder schaffen die Arbeit nicht, das Bauernland droht zu verkommen.

Nun versprechen die Bauern ihrem Kriegsherrn, wenn er sie vom Kriegsdienst freiläßt, einen Teil ihres Mehrprodukts. Oder der Kriegsherr fordert dafür das Land, beläßt es aber dem Bauern zur Bearbeitung. Auch einen Teil des Mehrprodukts darf der Bauer behalten, so daß es sich für ihn lohnt, mehr und besser zu arbeiten.

Bisweilen brachte eine schlechte Ernte oder eine Seuche unter dem Vieh den Bauern in Abhängigkeit von einem Großgrundbesitzer, der ihm Getreide für die nächste Aussaat oder Vieh lieh, damit er weiter ackern und züchten konnte. Von dem Ertrag der Ernte oder der Viehzucht aber mußte der Bauer dann regelmäßig etwas an den Großgrundbesitzer abgeben.

Nach einiger Zeit, nach Jahrzehnten, nach hundert oder zweihundert Jahren – unterschiedlich in einzelnen Gegenden und den Ereignissen entsprechend – gehört das meiste Land nicht mehr dem Bauern.

Ja, es entwickelt sich ein Brauch, daß das ganze Land dem König oder Kaiser gehört, und daß dieser es den Fürsten, großen Kriegsherren oder einfach mächtigen Landbesitzern zu Lehen, wie es heißt, gibt. Sie können es als ihren ewigen Besitz betrachten, aber immer als verliehen vom König oder Kaiser.

Die Kirche, an deren Spitze die Verwandten der großen Feudalherren stehen, hat ebenfalls viel Land, sie ist ebenfalls Großgrundbesitzerin, zumal Menschen aller Schichten, Kaiser und einfache Bauern, Grafen und Hofbeamte, der Kirche Land schenken als Buße für begangene Sünden und um in den Himmel zu kommen. (Woran man erkennt, in welcher Weise eine Religionseinrichtung wie die Kirche reich werden kann.)

Die Kirche und die Lehensträger, also die Großgrundbesitzer, überlassen einen Teil des Landes, das die Bau-

ern in ihrer Not den Großgrundbesitzern geben mußten, den Bauern zur Nutzung.
Die Bauern haben also ihr Land nicht mehr als Eigentum, aber sie können darauf sitzen und es bebauen. Ja, mehr: Sie werden gezwungen, auf dem Land sitzen zu bleiben und es zu bebauen. Sie dürfen das Land nicht verlassen.
Schließlich, wenn das feudale System ausgewachsen ist, sich voll entwickelt hat, dann ist es so, daß die Bauern zu dem Land gehören – wie die Bäume und die Flüsse. Wenn der Kaiser ein Stück Land als Lehen zur Belohnung an einen im Kriege siegreichen Grafen gibt, dann gibt er es mit den Bauern, die zu dem Stück Land gehören.
Die Bauern sind, wie man sagt, an die Scholle gebunden. Sie gehören im allgemeinen nicht, wie die Sklaven, einem Herrn, sie sind nicht Eigentum eines anderen Menschen, aber sie gehören zu einem bestimmten Stück Grund und Boden.

Raub des Mehrprodukts durch Fronarbeit

Wer bearbeitet nun das Land, das der Großgrundbesitzer nicht an Bauern gegeben hat, sondern das direkt zu seiner Burg, zu seinem Schloß gehört? Hat er besondere Knechte, eine große Anzahl von Arbeitern? Natürlich gibt es auch Mägde und Knechte, aber nicht sehr viele. Die Hauptarbeit auf dem Lande, das dem

Herrn direkt gehört, wird von den Bauern geleistet. Das Mehrprodukt wird zu einem Teil gar nicht mehr auf dem Stückchen Land, auf dem die Bauern sitzen, von den Bauern produziert, sondern auf dem Land des Herrn, durch Mehrarbeit.

Der Mensch hatte am Ende der Urgemeinschaft gelernt, in beispielsweise 10 Stunden Arbeit soviel zu produzieren, wie er unbedingt zum Leben brauchte. Diese Arbeit nennt man die für die Existenz des Menschen notwendige Arbeit. Wenn er eine Stunde länger arbeitete, dann produzierte er mehr als unbedingt zur Erhaltung des Lebens notwendig war, er schaffte ein Mehrprodukt. Und die Arbeit, die er auf die Schaffung des Mehrprodukts verwendet, nennt man Mehrarbeit.

Der feudale Großgrundbesitzer fordert nun von den Bauern: Dafür, daß ihr auf dem Lande, auf dem ihr sitzt, arbeiten und ernten könnt, müßt ihr mir von eurer Mehrarbeit abgeben, also auch auf meinem ureigenen Lande, in meiner Burg, in meinem Schloß arbeiten.

Marx und Engels, die zuerst wissenschaftlich untersucht haben, was hier geschah, sagten: Der Feudalherr eignet sich die Mehrarbeit der Bauern an.

Die auf solche Weise von einem Grundherrn erzwungene Arbeit nennt man Fronarbeit. Der Bauer muß für den feudalen Grundherrn Fronarbeit leisten, er muß für ihn fronen.

Kam denn genug für den Grundherrn dabei heraus?

Nach dem obigen Beispiel gehörte ihm 1 von 11 Stunden Arbeit. Das wäre nicht viel, damit könnte man nicht das Land des Großgrundbesitzers bestellen, selbst wenn viele Bauern täglich 1 Stunde Mehrarbeit für den Grundherrn leisteten.

Nun war es allerdings nicht so, daß der Bauer nur 1 Stunde Mehrarbeit am Tag – oder alle 11 Tage einen ganzen Tag – beim Grundherrn fronen mußte. In Wirklichkeit mußte er oft zwei oder drei Tage in der Woche Fronarbeit leisten.

Wie aber konnte er dann die notwendigen Stunden für seinen eigenen Lebensbedarf aufbringen? Der feudale Herr, der Fronherr, nimmt ihm ja mehr als sein Mehrprodukt ab; muß der Bauer da nicht bald Hungers sterben?

Wir dürfen eine wichtige Sache nicht vergessen: Der Bauer lebt nicht allein, er hat Familie.

Nehmen wir an, der Bauer habe zwei ältere Kinder, 14 und 16 Jahre alt, die schon arbeiten können; die Frau, die noch für die jüngeren Kinder sorgen muß, kann auch mitarbeiten – nicht etwa Kochen ist damit gemeint, das muß sie außerdem, sondern mitproduzieren helfen: das Vieh warten und ähnliches. Wie sieht dann die Situation aus?

Berechnen wir ein Beispiel: In der Woche sind 60 Arbeitsstunden nötig, um den Mann zu ernähren, und weitere 120 Stunden, um die restliche Familie zu versorgen, also 180 Stunden Mannesarbeit im ganzen.

Der Mann arbeitet 70 Stunden in der Woche; die Arbeit der beiden älteren Kinder beträgt je 50 Stunden, aber da es noch keine volle Mannesarbeit ist, gelten diese insgesamt 100 Stunden nur wie 85 Männerstunden. Auch die kleineren Kinder von 7, 8 und 12 Jahren können schon helfen, sie leisten zusammen 40 Männerstunden pro Woche. Schließlich arbeitet auch die Frau noch 25 Männerstunden in der Produktion – neben all ihrer Hausarbeit.

Es ergibt sich also folgende Rechnung:

Faktische Arbeitszeit der Familie pro Woche	220 Stunden
Notwendige Arbeitszeit zur Ernährung, Kleidung und Behausung der Familie	180 Stunden
Mehrarbeit, die Mehrprodukt schafft	40 Stunden

Von den 40 Stunden Mehrarbeit zur Erzeugung von Mehrprodukt läßt der Fronherr den Bauern 2 Tage, im ganzen 20 Stunden, auf seinem Grundbesitz arbeiten. Das heißt, er beraubt den Bauern und seine arbeitende Familie um die Hälfte ihres Mehrprodukts!

Jetzt können wir auch gleich berechnen, wieviel größer das Einkommen des Feudalherrn als das der Bauern ist.

Die Bauernfamilie hat das Einkommen von 200 Stunden Produktionsarbeit (220 Stunden minus 20 Stunden für den Fronherrn).

Der Fronherr holt aus jeder Bauernfamilie 20 Stunden Mehrarbeit heraus. Wenn auf seinem Land nur 200 Bauernfamilien siedeln, holt er aus ihnen 4000 Stunden Mehrarbeit pro Woche heraus, erhält also 20mal

so viele Arbeitsstunden, 20mal soviel Produkte wie die Bauernfamilien, in der alle den ganzen Tag schuften müssen, ohne selbst einen Handschlag zu tun.
So, auf solche Weise geht die Ausbeutung unter dem Feudalismus vor sich! So leben die Reichen von der Arbeit der Armen. So läßt es sich die herrschende Klasse auf Kosten der werktätigen Bauern wohlergehen. Dabei haben wir die feudalen Raubzüge, die das Einkommen der Feudalherren weiter steigern, noch gar nicht mitgerechnet.
Und doch geht es den werktätigen Bauern unter dem Feudalismus viel, viel besser, als es den Sklaven ging.
1. Sie besitzen sich selber, sie sind nicht Eigentum eines Herrn. Sie haben mehr Freiheit als die Sklaven. Ihre Familie gehört zusammen, sie kann nicht einfach durch Verkauf eines Jungen oder der Frau getrennt werden.
2. Wenn die Bauern auf der einen Seite zur Scholle gehören, also nicht das Land verlassen dürfen, so dürfen sie auf der anderen Seite im allgemeinen auch nicht vom Lande verjagt werden. Sie sind ihrer Arbeitsstelle sicher, sie können, wenn nicht gerade Krieg ist, ruhig auf ihrem Stückchen Land arbeiten.
3. Alles, was die Bauern auf dem Lande brauchen, ihre Produktionsmittel, ihr Pflug, ihr Vieh, der Wagen, mit dem sie Getreide einfahren – all das gehört ihnen. Das heißt, sie sind Eigentümer von Produktionsmitteln.
4. Vor allem, und das ist das Allerwichtigste, verbleibt ihnen ein Teil des Mehrprodukts. Es lohnt sich für sie,

angestrengter zu arbeiten, sorgfältiger zu säen und zu ernten und das Vieh zu pflegen. Es lohnt sich für sie, auf Mittel zu sinnen, wie man besser und schneller produzieren, die Produktivität erhöhen, die Produktivkräfte steigern kann. Es lohnt sich für sie, zu arbeiten und zu leben, denn ein Teil alles dessen, was sie durch Mehrarbeit schaffen, bleibt ihnen. Und wenn es ihnen gelingt, durch bessere Arbeit eine größere Menge Mehrprodukt zu schaffen, sind sie frei, dies für sich zu verwenden.

Das ist der entscheidende, der wichtigste Fortschritt, den der Feudalismus gegenüber der Sklavenhaltergesellschaft gebracht hat.

Der unterdrückte, ausgebeutete Mensch ist ein wenig frei geworden, und man läßt ihm einen Teil seines Mehrprodukts.

Statt, daß er selber und alles, was er schafft, einem anderen gehören, gehört er sich selber, und auch ein Teil seines Mehrprodukts gehört ihm.

Der Klassenkampf und sein Erfolg

Ein Teil des Mehrprodukts gehört dem Bauern – aber natürlich nicht ohne Kampf. Und erst recht nicht ohne Kampf bleibt ihm, wie in unserem Beispiel, die Hälfte des Mehrprodukts!

Die Feudalherren wollen ihre Burgen und Schlösser ausbauen, sie wollen bessere Wege anlegen, um Kaufleute zu veranlassen, die Wege zu befahren und Waren aufs Land zu bringen. Was liegt näher, als von den Bauern zu fordern, daß sie in der Fronarbeit zusätzlich als Bauarbeiter helfen oder die Straße verbessern.

Wenn die Bauern sich aber nicht noch mehr rauben lassen wollen, wenn sie zu Hause bleiben oder ihre Arbeit sehr schlecht machen, ist der Feudalherr gezwungen, auf einen dritten Frontag in der Woche zu verzichten.

Oder aber: Die Bauern werden von den Knechten und Soldaten des Fronherrn zur Arbeit geprügelt, vielleicht sind sie nicht einig im Widerstand, vielleicht macht der Feudalherr auch einigen von ihnen Versprechungen – zum Beispiel das Geschenk von zwei Schweinen, wenn die Arbeit fertig ist – dann verlieren die Bauern den Kampf, die Klassenschlacht.

Und statt der Hälfte bleibt ihnen vielleicht nur noch ein Viertel des Mehrprodukts.

In der Mehrzahl der Fälle blieben in den frühen Zeiten des Feudalismus, etwa bis zum 15. Jahrhundert in Europa, die Bauern siegreich im Klassenkampf.

Das ist ein entscheidender Unterschied zwischen den Sklaven und den feudal unterdrückten Bauern oder Hörigen, wie sie auch genannt werden: Die Bauern können im Klassenkampf Erfolge erringen, einen größeren Teil des Mehrprodukts erhalten; die Sklaven aber blieben in der Sklavenhaltergesellschaft immer Menschen, denen nichts, einfach nichts, nicht einmal sie sich selber gehörten.

Die Sklaven konnten im Klassenkampf eigentlich nur einen Erfolg erringen, nämlich, daß sie nicht mehr Sklaven waren. Die hörigen Bauern aber können als Hörige beachtliche Erfolge erzielen.
Und das taten sie auch.
Es gelang ihnen nämlich in sehr vielen Fällen, die Fronarbeit in eine Produktenabgabe umzuwandeln.
Den Teil des Mehrprodukts der Bauern, den der Feudalherr auf Grund der Tatsache, daß er der Herr des Grund und Bodens ist und Gewalt über die Bauern hat, für sich nimmt, nennt der Wissenschaftler die Rente oder die Grundrente des Feudalherrn.
Wird die Rente in Form von Fronarbeit geleistet, dann heißt die Rente Arbeitsrente. Wird sie in Form von Produkten geleistet, dann heißt sie Produktenrente. Die Produktenrente besteht in der Abgabe von Produkten, von Getreide und Vieh, von Wolle und Flachs usw.
Was ist nun der große Vorteil der Produktenrente für die Bauern?
Bleiben wir bei dem schon gegebenen Beispiel. Der Bauer arbeitet mit seiner Familie insgesamt 220 Stunden, dabei sind 40 Stunden Mehrarbeit, von denen der Feudalherr 20 Stunden erhält.
Nehmen wir an, um das Beispiel ganz einfach zu machen, die Familie stellt in jeder Stunde 1 Brot her, also im ganzen 220 Brote, von denen der Feudalherr 20 Brote, die in 20 Stunden hergestellt werden, erhält.

Und nun geschieht folgendes: Durch bessere Düngung und sorgfältigere Pflege des Getreides und durch eine kleine technische Verbesserung an der Mühle kann der Bauer in der Stunde 10 Prozent mehr Brote herstellen, also in der Woche statt bisher 220 Brote: 220 + 22, das sind 242 Brote.

Arbeitet der Bauer weiter in der Fron 20 Stunden pro Woche für den Feudalherren, dann würde er für den Feudalherrn jetzt 22 Brote herstellen, statt wie vor den Verbesserungen 20 Brote. Zahlt er dem Feudalherrn aber eine Produktenrente und braucht er nicht Fronarbeit für ihn zu leisten, dann zahlt er natürlich weiter 20 Brote Produktenrente.

Das heißt, die Produktenrente sichert dem Bauern alle Vorteile von einer Verbesserung der Produktion. Die Steigerung der Produktivkräfte kommt ihm und seiner Familie zugute. Er hat viel mehr Lust, die Wirtschaft zu verbessern, weil er selber die Vorteile davon hat.

Natürlich hat der Feudalherr auch versucht, im Klassenkampf dem Bauern mehr vom Mehrprodukt zu rauben. Aber in Europa waren meist die Bauern stark genug, diesen Klassenkampf in vielen Schlachten zu ihren Gunsten zu entscheiden. Der Übergang von der Fronarbeit, der Arbeitsrente, zur Produktenrente hat im allgemeinen die Lage der Bauern verbessert.

Im 12. und 13. und 14. Jahrhundert wandelt sich die Rente von neuem, nämlich von der Produkten- zur G e l d r e n t e. Um das aber verstehen zu können, um zu begreifen, warum diese Wandlung vor sich ging, müssen wir erst eine andere Seite der feudalen Gesellschaft untersuchen.

Die Stadt

Die Städte Griechenlands waren meist der wirtschaftliche, politische und kulturelle Schwerpunkt des Landes gewesen. Die Städte des Römischen Reiches, in denen der Handel nicht eine solche Rolle spielte wie im alten Athen oder Korinth, in dem der wirtschaftliche Schwerpunkt daher auf dem Lande gelegen hatte, waren zumindest politische und kulturelle Zentren gewesen.

Bereits lange vor dem Zug der Germanen nach Westen und Süden hatte mit dem Verfall des Römischen Reiches der Verfall der Städte begonnen. Trier und Neapel und viele andere Städte verkamen mit dem Niedergang von Handel und Handwerk.

Mit dem Ende des Römischen Reiches aber verlagerte sich nun auch die politische und kulturelle Tätigkeit der Gesellschaft auf das Land.

Die Kultur der Bauern, der Ritter, der hohen Adligen wie des kaiserlichen Hofes und der Kirche war eine ländliche Kultur. Die politischen Machtzentren lagen auf dem Lande.

Die Städte, kleine, die neugegründet waren, oder ältere, deren Umfang zu groß für die jetzt kleinere Menschenzahl war, dienten als Marktplätze und unterstan-

den zumeist der Gewalt großer Feudalherren, die sie von ihrem Großgrundbesitz aus regierten und durch Abgaben schröpften.
Noch im 12. Jahrhundert gehörte zum Beispiel die französische Stadt Arles vier Feudalherren, von denen jeder über einen bestimmten Teil herrschte und in seinem Viertel nach seiner Art Recht sprach.
Die Zahl der Städte war gering. Für das Jahr 900 schätzt man sie auf 30 in ganz Deutschland – die meisten hatten nur einige Hundert, die größten nur einige Tausend Einwohner.
Erst allmählich, erst mit dem 13. Jahrhundert, nach etwa 400 Jahren Herrschaft des Feudalismus, tritt eine Änderung ein.
Mit der Besserung der Lage der Bauern, mit der Steigerung der Produktivität auf dem Lande wächst das Bedürfnis nach Handwerksprodukten und den Waren ferner Länder. Seide, Gewürze und schöne Steine aus dem Orient werden begehrt, Dinge, welche man im Laufe der Kreuzzüge, die ja vor allem Raubzüge der Ritter und der Kirche waren, kennengelernt hatte.
Die Kaufleute werden zu den wichtigsten Bürgern der Stadt. Sie bahnen Verbindungen überallhin an und werden reich. Die Handwerker können teurere Produkte und in größerer Menge verkaufen. Mehr Menschen ziehen in die Städte. Bauernsöhne laufen trotz Verbot weg, um in den Städten ihr Glück zu versuchen, und so lockern sich die feudalen Bande auf dem Lande.
Die Städte beginnen, sich gegen die übermächtigen Feu-

dalherren zu wehren und stellen eigene militärische Kräfte auf, um das Mehrprodukt und die Flüchtlinge vom Lande für sich zu behalten. Weniger und weniger Abgaben leisten sie an die ländlichen Feudalherren.
Sie werden unabhängig und zu einer starken Kraft.
Der Handel blüht. Schweizer Vieh wird nach Mailand verkauft, polnische Ochsen werden in Frankfurt am Main geschlachtet, und in Schweden trinken die Reichen Rheinwein. »Nürnberger Tand«, wie die dort hergestellten Kleineisenwaren genannt wurden, wird in ganz Europa gehandelt, und das englische Schaf produziert seine Wolle für die Tuchmacher in Antwerpen, in Köln oder Straßburg.
Hoch waren die Gewinne der Kaufleute, die billig einkauften und teuer verkauften; darum sagt Marx über diese Zeit, daß die Stadt das Land ökonomisch ausbeutete.
Hoch aber waren auch die Verluste der Kaufleute, wenn Raubritter einen reichbeladenen Zug von Pferden und Wagen, die auf den schlechten Straßen nur langsam vorwärts kamen, ausplünderten; darum sagt auch Luther: »So braucht Gott die Reuter und Reuber (die Ritter und Räuber), da die Kaufleute täglich die ganze Welt rauben.«
Eine merkwürdige »Göttliche Gerechtigkeit«, die den Raub der Kaufleute an den Bauern ausgleicht durch den Raub der Ritter an den Kaufleuten.
Richtig ist, daß beide raubten. Richtig ist aber auch, daß die Kaufleute mehr und geschickter raubten als

die Ritter, so daß die Kaufleute immer reicher und mächtiger wurden, bis sie die Städte beherrschten.
Wie reich und mächtig die Kaufleute, die den obersten Teil der städtischen Bevölkerung ausmachten, im Laufe der Zeit wurden, zeigen folgende Beispiele aus dem 15. Jahrhundert:

In Freiburg hatten 2% der Bürger
50% des Stadtreichtums in Händen.
In Basel hatten 4% der Bürger
56% des Stadtreichtums in Händen.
In Halle hatten 5% der Bürger
52% des Stadtreichtums in Händen.

Nach den Kaufleuten waren die wichtigsten Bewohner der Städte die Handwerker.
Die Handwerker waren zum Teil sehr reich, zum Teil aber mußten sie recht bescheiden leben.
Sie fertigten mit guten Werkzeugen prächtige, kostbare Sachen an, aber auch solide Massenware. Sehr spezialisiert war ihre Arbeit. So gab es im Jahre 1387 in Frankfurt am Main 46 Schmiedehandwerksstätten, die auf 23 Berufe spezialisiert waren, wie zum Beispiel

Hufschmiede
Nagelschmiede
Messerschmiede
Messerbereiter
Scherenschmiede
Haubenschmiede
Beinstückschmiede
Pflugschmiede usw.

Sie hatten einige Werkzeuge, die speziell für ihren Beruf paßten, und wir können uns vorstellen, wie die Produktivität und die Qualität der Arbeit bei solcher Spezialisierung freier Handwerksarbeit stieg.
Herrliche Kunstwerke und gut gearbeitete Massenware waren kennzeichnend für die handwerkliche Produktion in Paris und London, in Nürnberg und Mailand, in Wien und Moskau.
Mit der Stärke der Produktion stieg die Zahl der Menschen in den Städten. Die größten Städte waren die norditalienischen, von denen Florenz um 1340 etwa 100 000 Einwohner hatte, Paris war kaum kleiner, London erreichte fast 50 000. Köln war mit 30 000 Einwohnern die größte deutsche Stadt, gefolgt von Lübeck mit rund 25 000.
Mit der Stärke der Produktion im Handwerk wuchs auch der Handel, wurden die Kaufleute wiederum mächtiger, denn sie vertrieben ja die Produkte und stellten die Verbindungen von Stadt zu Stadt und von Land zu Land her.
Die Kaufleute waren in Gilden organisiert, um sich gegenseitig zu helfen. Die berühmteste Kaufmannsvereinigung war die Hanse.
Die Handwerker waren in sogenannten Zünften organisiert.
Als nun die Handwerker immer reicher wurden, kam es in den einzelnen Städten zu Kämpfen zwischen Kaufleuten und Handwerkern, zuerst im 13. Jahrhundert in Italien und dann in ganz Europa. Es ging dar-

um, wer die Macht in der Stadt haben sollte, wer die meisten Steuern bezahlen sollte, wer die wirtschaftliche und allgemeine Politik in der Stadt bestimmen sollte.

Bald siegten die Zünfte, bald die Kaufleute – das war verschieden in den einzelnen Städten.

Aber es kam auch zu anderen Kämpfen, nämlich solchen zwischen den Handwerksmeistern auf der einen Seite und den Gesellen und Lehrlingen auf der anderen Seite. Dabei ging es vor allem um die Lage der Gesellen und Lehrlinge, um Lohn, Arbeitszeit, Feiertage, es ging um den Kampf gegen die Ausbeutung.

Der erste Streik gegen eine Verlängerung der Arbeitszeit, von dem wir wissen, ist der der Tuchergesellen von Provins in Frankreich im Jahre 1280. In Breslau streikten die Sattlergesellen im Jahre 1329. Die Gesellen versuchten, sich in einer Art von Gewerkschaft zu organisieren. Und so, wie wir die erste Streiknachricht aus Frankreich haben, so hören wir auch aus Frankreich schon vor dem Ende des 13. Jahrhunderts von einem Organisationsverbot für Gesellen.

Damals gab es eine Universität in Paris. Diese diente, wie alle Universitäten, der herrschenden Klasse, damals den Reichen.

Den Professoren der Theologischen Fakultät, in der die Priester ausgebildet wurden, legte man die Frage vor, ob Gesellen sich organisieren dürfen. Es ist nicht verwunderlich, daß die Pariser Professoren diese Frage vom Standpunkt der herrschenden Klasse aus ent-

schieden und erklärten: Wenn sich Gesellen organisieren, so ist das eine Sünde vor Gott.
Wir sehen, wie alle gesellschaftlichen Einrichtungen, sowohl die Universität wie auch die Religion, der herrschenden Klasse, den Ausbeutern, dienen müssen.
Nach den Kaufleuten und Handwerkern gab es noch eine dritte Schicht der Stadtbevölkerung, die unterste, ärmste, die sich zusammensetzte aus: Flüchtlingen vom Lande, die noch keine Arbeit gefunden hatten, ungelernten Tagearbeitern, Invaliden der Arbeit, Krüppeln, Kranken (darunter viele Aussätzige), Bettlern und Vagabunden.
Diese dritte Schicht war oft recht groß. In Hamburg soll sie im 15. Jahrhundert rund ein Fünftel der Bevölkerung erreicht haben.
Gerade diese Schicht zeigte, daß die Gegensätze in der Stadt zum Teil viel größere als auf dem Lande waren. Da hören wir auf der einen Seite von einem reichen Handwerker, einem Bäcker, der eine Hochzeitsfeier veranstaltete, bei der er eine Woche lang 270 Gäste bewirtete; auf der anderen Seite sehen wir in der gleichen Stadt Hunderte von Bettlern, die mit verkrümmten Gliedern Tag für Tag auf den Stufen der Kirchen sitzen, um sich durch Erbetteln »milder Gaben« vor Hunger zu schützen, bis eines Tages der eisige Winter sie erfrieren läßt.
Aber eben die Stadt mit ihren scharfen Gegensätzen zwischen reich und arm ist auch die Einrichtung, in der sich neue Produktivkräfte mächtig regen, in der die

Uhr, wie wir sie heute kennen, erfunden wird, in der die ersten Papiermühlen entstehen, in der die feinsten und haltbarsten Gewebe gesponnen und Wunderwerke der Architektur gebaut werden.
Und von der Stadt aus beginnt das Geld als Mittler des Warenhandels das ganze Land zu durchströmen.

Das Geld dringt ein

Mit dem Geld, das aus der Stadt strömt, begeben wir uns wieder auf das Land.
Dort hatte bis in das 12. Jahrhundert hinein vor allem die Naturalwirtschaft geherrscht. Die Bauern zahlten die Rente an den Grundherrn mit Naturalien, wie wir gesehen hatten, mit Getreide, Vieh, Gespinsten. Wenn einer dem anderen half oder der Bauer ein Werkzeug brauchte, einen Topf erwerben wollte, den er nicht selbst herstellen konnte, so gab er ebenfalls Naturalien dafür.
Dadurch war der Mehrproduktraub der Feudalherren in gewisser Weise beschränkt. Wozu sollten sie aus den Bauern mehr herausholen, als sie und ihr Gefolge an Essen, Trinken, Kleidern und Bauten verbrauchten? Man konnte Fleisch nicht aufstapeln, sonst wurde es schlecht. Die Frau des Feudalherren konnte nicht mehr als zehn Unterröcke auf einmal tragen – ja, so etwas gab es damals!
Also hatte es keinen Sinn, noch mehr Fleisch und noch

mehr Gespinste sich von den Bauern als Produktenrente geben zu lassen.
Das wurde anders, als jetzt das Geld aus der Stadt auf das Land strömte. Denn Geld kann man aufbewahren. Geld brauchte man auch, um Waren in der Stadt zu kaufen. Und so wandelten die Feudalherren die Produktenrente in eine Geldrente um; statt mit Gänsen und Hirse, Leinen und Weizen sollten die Bauern mit Geld zahlen.
Wenn die Bauern in einer schwachen Klassenkampfstellung sind und schlecht kämpfen, dann bedeutet die Geldrente ein großes Unglück für sie. Schon eine Mißernte kann sie völlig ruinieren, und sie geraten in die Stellung, die man Schuldsklaverei nennt. So war es im späten Feudalismus Chinas und Indiens.
In Europa im 13. und 14. und 15. Jahrhundert waren die Bauern in einer starken Klassenkampfposition und kämpften unerschrocken gegen die Feudalherren, so daß die Einführung der Geldrente eine Minderung der Macht der Feudalherren und eine größere Unabhängigkeit für die Bauern bedeutete.
Es ist viel leichter zu kontrollieren, wieviel Zentner Getreide die Ernte gebracht hat und wieviel Stück Vieh im Stall stehen, als wieviel Geld im Bauernhause ist. Mit allen möglichen Ausflüchten gelang es den Bauern, ihre Rentenzahlungen zu verringern.
Dadurch machte die Landwirtschaft wieder einen Schritt vorwärts. Die Produktivität stieg von neuem. Mehr und mehr Pflanzen für die Industrie, wie Flachs

für Leinen, wurden angepflanzt. So kam es zu einer Annäherung der ländlichen an die städtische Produktion.

Kunst und Wissenschaft blühten auf. Der Handel schickte sich an, neue Welten zu erobern. Amerika wurde entdeckt. Europa war auf dem Wege, China, das seit langem die Kunst des Buchdrucks, den Kompaß und das Pulver kannte, einzuholen.

Die Entwicklung der Produktivkräfte begann die feudale Gesellschaft zu sprengen. Die feudalen Fesseln lockerten sich weiter. Der Bauer fühlte sich ziemlich frei – natürlich im Rahmen der feudalen Gesellschaft, in der er immer noch ein Ausgebeuteter war. Denn immer, auch wenn es den Unterdrückten in einer Ausbeutergesellschaft auf Grund mutigen Klassenkampfes zeitweilig etwas besser geht, wird ihnen ein Teil dessen, was ihre Hände geschaffen haben, von den Ausbeutern genommen.

Auch in der katholischen Kirche, deren Zentrum beim Papst in Rom lag, wohin ungeheure Geldbeträge, Kirchensteuern, aus allen Ländern und den Taschen aller Werktätigen strömten, machten sich Unabhängigkeitsbestrebungen bemerkbar.

Als Martin Luther mutig die Kirche kritisierte und eine eigene deutsche Kirche einrichten wollte, traten auch Fürsten auf seine Seite. Sie hofften auf großen Gewinn, wenn sie die gewaltigen Besitzungen der katholischen Kirche, den ausgedehnten Landbesitz und die reichen Klöster beschlagnahmten.

Wir können sehr genau im einzelnen studieren, wie die Fürsten ihre Religion wechselten, um damit zu verdienen.
So verbrauchte der Kurfürst Heinrich von Sachsen in den ersten drei Monaten seiner Regierung 30 000 Goldgulden, und die kurfürstliche Kasse war leer. Also wurde die Reformation eingeführt und reiches Kirchengut, das den Werktätigen geraubt worden war, vom Kurfürsten für sich beschlagnahmt.
Joachim II. von Brandenburg befahl von einem Tag zum anderen, daß das Land protestantisch werden sollte, damit er seine Schulden in Höhe von 600 000 Talern durch Raub von Kirchengut los werde.
Die Bevölkerung mußte den Religionswechsel ihres Herrschers jeweils mitmachen. In England und Frankreich kam es dabei zu heftigen Kämpfen. In Deutschland bekriegten sich die katholischen und protestantischen Fürsten; aber die Bevölkerung folgte im allgemeinen ihren Fürsten, der Obrigkeit.
Hatte doch auch Luther gelehrt: »Daß zwei und fünf gleich sieben sind, das kannst du fassen mit der Vernunft; wenn aber die Obrigkeit sagt, zwei und fünf sind acht, so mußt du es glauben, wider dem Wissen und Fühlen.«

Der Bauer steht auf

Natürlich wehrten sich die feudalen Herren gegen die Auflösung der feudalen Gesellschaft, gegen die größe-

re Freiheit der Bauern, gegen das Eindringen der Stadt ins Land. Mit der steigenden Produktivität des Landes stieg ihre Gier nach Mehrprodukt. Wenn die Wirtschaft blühte, so wollten sie mehr Früchte pflücken – auch wenn sie im Garten des Bauern reiften.
Schon in der zweiten Hälfte des 15. Jahrhunderts versuchten die Feudalherren im Westen und Süden Deutschlands, die Renten, die die Bauern zu zahlen hatten, zu erhöhen. Sie wollten mehr Geld haben und die Bauern »fester an die Kandare« nehmen.
Dabei begegneten sie einem wachsenden Widerstand der Bauern, die sich bald hier, bald dort erhoben.
Als die Willkür der Feudalherren wuchs und sie immer häufiger mit neuen Raub- und Unterdrückungsmaßnahmen gegen die Bauern vorgingen, wurden die Forderungen der Bauern nach einer besseren Ordnung entschiedener. Sie hatten erkannt, daß die Feudalherren interessiert waren an einem zersplitterten Deutschland, wo jeder von ihnen in seinem Gebiet walten konnte, wie er mochte.
Die Bauern glaubten, daß in einem einigen Deutschland mit stärkerer Macht des Kaisers ihre Lage sicherer wäre, sie weniger der Willkür der einzelnen Fürsten und anderen Feudalherren ausgesetzt sein würden. Da der Kaiser mit vielen Fürsten im Kampf lag, denn diese wollten sich immer weniger dem Kaiser unterordnen, glaubten die Bauern, daß der Kaiser ihr Verbündeter sei.
Je wirrer die gesellschaftlichen Verhältnisse wurden,

um so stärker forderten sie die Schaffung eines einigen Deutschland, in dem die Fürsten und anderen Feudalherren schwächer an Macht, der Kaiser aber als der Oberste und die Bauern als die Grundlage des Reichs stärker an Macht sein würden. So wurden die Bauern zu Vorkämpfern für ein einiges starkes Deutschland.

Schließlich, 1525, kam es zum Großen Deutschen Bauernkrieg gegen die feudalen Grundherren. Die Bauern kämpften heldenhaft und siegten in zahlreichen Kämpfen. Auch manche Ritter schlugen sich auf ihre Seite, und die Armen der Städte verbündeten sich mit ihnen.

Aber so wie die Sklaven, die breite Masse der Unterdrückten in der Sklavenhaltergesellschaft, nicht ohne andere Führung siegen und eine neue Gesellschaftsordnung errichten konnten, so können auch die Bauern, die breite Masse der Unterdrückten in der feudalen Gesellschaft, nicht ohne andere Führung siegen.

Wie wir noch sehen werden, kann nur im Kapitalismus die breite Masse der Unterdrückten, die hier die Arbeiterklasse darstellt, selbst Führer im Kampf um eine neue Gesellschaftsordnung sein.

Die Bauern bedurften der Hilfe und Führung des Bürgertums in den Städten, um gegen die raubgierigen Feudalherren zu siegen.

Aber nur wenige Städte schlossen sich den Bauern an, vor allem Mühlhausen, wo der geniale Revolutionär und Führer des Volkes Thomas Müntzer wirkte. Die reichen Bürger blieben häufig neutral, weil sie fürchteten, die ärmeren Bürger und Bauern würden ihnen im Krieg einen Teil ihres Reichtums nehmen. Und noch viele andere Bürger erkannten nicht, daß die Feudalherren nach einem Sieg über die Bauern auch die Städte ausrauben würden. Indem sie sich aber aus dem Streit heraushielten und die Bauern nicht unterstützten, halfen sie in Wirklichkeit den reaktionären, den rückschrittlichen feudalen Kräften. Manche Städte waren sogar auf der Seite der Fürsten und Großgrundbesitzer.

Luther, der zuerst neutral sein wollte, schrieb bald für die Fürsten und schmähte die Bauern.

Man kann im Klassenkampf eben nicht wirklich neutral bleiben, und die wahre Absicht der Menschen zeigt sich am besten daran, welche Stellung sie im Klassenkampf einnehmen.

So – verlassen von den Bürgern, in der Kriegskunst nicht geübt, ungewohnt zu organisieren, wie man es in der Stadt lernt, von manchem Ritter, der zuerst auf ihrer Seite stand, verraten – wurden die Bauern schließlich von den feudalen Kräften geschlagen.

Furchtbar rächten sich die Feudalen für das Zittern, das sie überkommen war, als die Bauern aufgestanden waren.

Schwer neigten die Bäume an den Straßen sich unter der Last der Gehenkten der Erde zu. Erschrocken verstummten die Vögel bei den Schmerzensschreien der Gemarterten. Gevierteilt endeten viele Bauern ihr Leben, das eine solche Einheit von Mut und Kampfeslust, von Arbeit und Freude am Frieden, von Treue zur Scholle und Liebe zu Deutschland gewesen war.

Chaos und Zerfall des Feudalismus

Nicht ungestraft versagt man sich den Kräften des Fortschritts. So wie die Bürger der Städte die Bauern des Landes allein gelassen hatten, so vereinsamten jetzt die Städte Deutschlands, sie blieben zurück in der großen Welt des Fortschritts, der anderswo, etwa in England, Schweden oder Amerika einsetzte.
Ihre Produktivkräfte, ihre Erfahrungen in der Produktion, ihre Werkzeuge und ihre guten Ideen für neue Arbeitsmethoden konnten nicht weiterentwickelt werden. Sie hatten versäumt, an der notwendigen Revolution gegen die Feudalherren teilzunehmen und gemeinsam mit den Bauern die Macht der Feudalherren zu zerschlagen.
Wir haben an der früheren Entwicklung der Gesellschaft gesehen, daß die wachsenden Produktivkräfte neue gesellschaftliche Verhältnisse, neue Produktionsverhältnisse notwendig machen und dann auch hervorbringen.
Jetzt sehen wir, wie die reaktionären Feudalherren nach ihrem Sieg über die Bauern die alten feudalen Produktionsverhältnisse erhalten und dadurch die Entwicklung der Produktivkräfte hemmen, ja, sie sogar zurückwerfen.

Stärker unterdrückt und ausgebeutet als zuvor, haben die Bauern keinen Anreiz, mehr und besser zu produzieren – ihre Wirtschaften gehen zurück. Die Städte verlieren zum Teil ihre Unabhängigkeit, sie werden von den Feudalherren mit hohen Steuern belegt, und wenn sie sich dagegen auflehnen wollen, droht ihnen Krieg.

Nicht nur gegen die Städte führen die feudalen Herren immer häufiger Kriege, sondern auch gegeneinander im Streit um die Früchte des Sieges und gegen den Kaiser.

Kleine lokale Kriege waren an der Tagesordnung, größere Kriege nicht selten.

Schließlich entwickelte sich ein Krieg von 30 Jahren, in dem der Kaiser und die Fürsten und die Städte untereinander und miteinander und gegeneinander kämpften, in dem französische und schwedische und noch andere Heere nach Deutschland eindrangen und Stücke deutschen Landes für ihre Könige eroberten.

Alle aber, der Kaiser, die katholischen und protestantischen Fürsten Deutschlands, die Heere Frankreichs und Schwedens, Söldner aus Spanien und Italien und vielen anderen Ländern – sie alle raubten die Bauern und Handwerker aus. Die einzigen, die nicht ärmer wurden, waren die großen Feudalherren und die Bettler – die einen, weil sie noch dazugewannen, die anderen, weil sie nichts gehabt hatten, das man ihnen nehmen konnte.

Wer traute sich unter solchen Umständen noch, mit Handelsgütern von einem Ort zum anderen zu ziehen?
Wem lohnte es noch, Mühe und Arbeit auf schönes Handwerk zu verwenden?
Was für einen Sinn hatte es noch, Zeit und Gedanken zu geben für edle Werke des Friedens, solides Gespinst, fein geschliffenes Glas, ein Werk der Wissenschaft?
Als der Friede über Deutschland kam, nicht zum wenigsten, weil Land und Menschen zu schwach waren, um weiter Krieg führen zu können, da lag alles darnieder: Millionen Menschen waren getötet worden, Hunderttausende von Hütten und Häusern waren verbrannt, Millionen Morgen Landes lagen wüst.
Wie viele hatten verlernt, zu arbeiten! Wie viele hatten kein Handwerk sich aneignen können, waren nur zu einfachster Arbeit fähig – häufig auch dazu nicht, weil Hunger und Krankheit ihren Körper geschwächt hatten! Deutschlands Produktivkraft lag tief, tief darnieder.
Aber auch in Frankreich stand es schlecht und in Spanien, in Italien und in Ungarn, in Portugal und in Rußland. Überall erstarkten die alten reaktionären Kräfte der feudalen Großgrundbesitzer und Fürsten.
Wie Geier auf das Aas, so stürzten sich die Feudalherren auf das Mehrprodukt der Bauern. Immer neue Lasten wurden eingeführt. Die Bauern mußten jetzt neben der Geldrente eine Produktenrente und dazu

noch eine Arbeitsrente zahlen. Geld, Vieh und Getreide und Fronarbeit mußten sie dem Feudalherrn geben. Bald blieb ihnen nichts übrig vom Mehrprodukt.
Mit der Wegsteuerung des Mehrprodukts verlor der Bauer das Interesse an seiner Arbeit. Seine Leistung ging zurück. Das Ergebnis der Landwirtschaft wurde niedriger.
Weit höher war die Produktivität der Landwirtschaft, weit besser die Pflege von Vieh und Acker im 15. Jahrhundert als im 18. Jahrhundert, höher darum auch die Erträge in der früheren als in der späteren Zeit.
Immer länger dehnte sich die Fronarbeit, bis sie endlich fast die ganze Woche ausmachte und der Bauer sich mondhelle Nächte suchen mußte, um nach des Tages Fronarbeit den eigenen Acker zu bestellen.
Wie die Stellung von Sklaven war schließlich die Stellung der Bauern. Sie waren hörig, gehörten zum Grund und Boden, waren aber auch leibeigen geworden, gehörten ihrem Herrn. Und in mancher Nacht verspielten betrunkene Junker, wenn sie Unglück bei den Karten hatten, diese oder jene Bauernfamilie.
Der Feudalismus – ursprünglich fortschrittlich gegenüber der Gesellschaft der Sklavenhalter, weil die Bauern in mancher Beziehung frei waren und darum Tüchtiges leisteten – hatte seinen Inhalt verloren.
In den Städten herrschte oft trostlose Öde. Ihre Einwohnerzahl war zurückgegangen. Der Handel lag darnieder, die Kunst des Handwerks ging verloren.
Die Handwerker fürchteten jeden Konkurrenten, und

die Zünfte machten es immer schwerer für die Gesellen, Meister zu werden. Oft mußten junge Burschen von 25 Jahren, die ihre Gesellenzeit beendet hatten und Meister werden wollten, alte Meisterwitwen von 60 Jahren heiraten, nur damit sie die Erlaubnis bekämen, Meister zu werden.
Kinder von Hirten und Angehörigen mancher anderer Berufe durften überhaupt nicht Handwerksmeister werden.
Der Handel erholte sich nach dem Dreißigjährigen Kriege nur langsam und konnte nicht wieder die Kraft und Stärke vorangehender Jahrhunderte erreichen.
Qualitätswaren wie »Nürnberger Tand«, Regensburger Schmiedearbeiten, Ulmer Gewebe hatten schon seit längerem ihren Weltruf verloren und verschwanden bald sogar aus dem deutschen Handel.
Durch den Rückgang der Produktion auf dem Lande war das Vieh am Ende des Winters durch mangelndes Futter so schwach, daß es im Frühjahr nicht mehr auf den eigenen Beinen zur Weide gehen konnte. Es mußte am Schwanze auf die Weide gezogen werden und hieß darum Schwanzvieh.
So schlecht stand es um die Produktivkräfte auf dem Lande!
In den Städten stand es nicht besser damit. Wollte der feudale Fürst zu seinem Vergnügen und Nutzen eine Produktion in Gang bringen, etwa von Porzellan oder Waffen oder von Schmuck, so mußte er sie gewissermaßen am Schwanze ziehen, um sie in Gang zu brin-

gen. Er mußte Geld dafür geben, daß jemand die Produktion unternahm, und oft mußte er auch Arbeiter in die Produktion zwingen, sie wie Soldaten für die Produktion rekrutieren.

Überall herrschte Zwang, weil überall der Anreiz, etwas zu leisten, verloren war.

Schon der Untergang Roms hatte gezeigt, daß man nicht das ganze Mehrprodukt wegsteuern kann, ohne die Produktion zu hemmen, ohne Stillstand und Stagnation, Erstarren und Verknöchern an Stelle frischen, mutigen, arbeitslustigen Fortschritts herbeizuführen.

Auch in der Stadt ging die Freiheit früherer Jahrhunderte verloren und damit die frische Fortschrittlichkeit des Feudalismus.

Nur die Reichen lebten von den feudalen Renten im Luxus und ohne Arbeit.

Wenn einer der großen Adligen einmal zu unsinnig verschwendete, dann half ihm ein König oder Fürst wieder auf die Beine, indem er ihm irgendein Amt gab, das großes Einkommen brachte. Ein Amt natürlich, das keine Arbeit kostete.

Am Hofe des Königs von Frankreich gab es viele solcher Ämter.

Da war eines, das brachte weit über 1 Million Mark Einkommen im Jahr – es hieß Inspektorat des Nachttopfes des Königs. Der Adlige, der dieses Amt hatte, mußte jeden Morgen sich den Nachttopf des Königs ansehen, ob alles darin in Ordnung war.

Ein anderer war Bewahrer des Spazierstockes des Königs; die tägliche Lösung dieser »schwierigen Aufgabe« brachte ihm einige hunderttausend Mark im Jahre ein.
Wenn man nicht auf solche Weise beschäftigt war, dann jagte man, tanzte, spielte Versteck, hatte Liebesabenteuer oder ging ins Theater. Von wirklicher, von gesellschaftlich nützlicher Arbeit aber war nicht die Rede.
So verkam die feudale Gesellschaft wie die Sklavenhaltergesellschaft, verfault am Kopf, in der herrschenden Klasse, und krank dahinsiechend im Körper, in den breiten Massen des Volkes, die darbten und schufteten, ohne Freude an Arbeit und Leben.
Und doch – die Massen ergaben sich nicht hoffnungslos in ihr Schicksal. Wir hören, daß immer wieder kleine Aufstände aufflammen, bald hier, bald dort, wir hören von empörten Bauern, von Demonstrationen der Stadtarmen, von Heldentaten des Widerstandes gegen Unterdrückung und Ausbeutung.
Wir sehen hier und da neuartige Wirtschaften entstehen, Mustergüter und Manufakturen, die sich ausbreiten und Hunderte von Menschen beschäftigen.
Wir lesen mutige, schön geschriebene, die Menschen ergreifende Worte über eine neue Welt, die es zu schaffen gilt – von Dichtern und Wissenschaftlern.
Im Schoße des Alten regt sich etwas Neues: in Italien und Spanien, in Deutschland und in Frankreich, später in China und Indien. Junge, zukunftsreiche Kräfte

wachsen heran, die die Todesglocke der alten Gesellschaft erklingen lassen und die Geburt der neuen Gesellschaft, der kapitalistischen, einläuten werden. Denn immer weiter schreitet die menschliche Gesellschaft vorwärts – bis sie an ihr Ziel, die Vollendung des Kommunismus, gekommen sein wird.

FÜNFTES KAPITEL

Der Kapitalismus – Die letzte Ausbeutergesellschaft

Der freie Lohnarbeiter

Als Marx und Engels anfingen, die Wirtschaft der kapitalistischen Gesellschaft zu erforschen – gründlich und ausführlich, wie sie alles taten – da sagten sie: Den Kapitalismus kann man am besten in England studieren, dort ist er am weitesten fortgeschritten, am stärksten ausgebildet.

Allererste Anfänge des Kapitalismus finden wir sehr früh auch in anderen Ländern, in Italien erscheinen sie sogar noch früher als in England und in Deutschland im 15. Jahrhundert sicher ebenso stark wie in England – aber dann kam auf dem Kontinent der Rückschlag der Feudalkräfte mit dem neuen Sieg des Landes über die Städte.

In England jedoch entwickelte sich der Kapitalismus weiter.

Die Städte, die Schiffe mit englischen Waren in die ganze Welt hinausschickten, blühten auf. Sie eroberten das Land, und umgekehrt ging der Landadel auch in die Städte.

Der Magnet, der die Städter auf das Land zog und die

jüngeren Söhne der Großgrundbesitzer in die Stadt, war das Schaf.
Was bedeutet das?
Marx sagt, daß im 15. und 16. Jahrhundert in England eine landwirtschaftliche Revolution stattfand.
Wie im 13., 14. und 15. Jahrhundert auf dem Kontinent, so hatten sich auch in England die Bauern größtenteils von den Fesseln des Feudalismus befreit. Außerdem hatte die Pest im 14. Jahrhundert so viele Menschen dahingerafft, daß großer Mangel an Arbeitskräften entstand.
England unterschied sich von dem Kontinent dadurch, daß das Herrenland, das nicht den Bauern zur Bearbeitung überlassene Land, im allgemeinen größer war, und daß auf diesem Herrenland mehr Viehzucht, vor allem Schafzucht, getrieben wurde.
Das Schaf hat aber zwei besondere Eigenschaften: Erstens ist es gewissermaßen ein industrielles Tier. Seine Hauptprodukte sind nämlich nicht, wie zum Beispiel bei der Rinderzucht, die Milch oder das Fleisch und die Haut (Leder), die es nach seiner Schlachtung liefert, sondern sein Hauptprodukt ist die Wolle, die es immer wieder, viele Jahre seines Lebens hindurch, an die Wollindustrie abgibt.
Und zweitens bedarf das Schaf zu seiner Züchtung und Wartung nur weniger Arbeitskräfte, einiger Hirten für Hunderte von Tieren – was in einem Lande mit Menschenknappheit sehr wichtig ist.
Die Großgrundbesitzer verlegten sich daher mehr und

mehr auf die Schafzucht. Große Flächen des Herrenlandes wurden in Weide verwandelt, wo einige Hirten die Schafherden hüteten.
Die Hirten waren freie Arbeiter. Sie erhielten einen bestimmten Lohn, und wenn sie sich anderswo Arbeit suchen wollten, konnten sie dorthin wandern.
So entstand eine Schicht von freien Lohnarbeitern auf dem Lande. Sie waren frei von allem Eigentum, besaßen nicht Produktionsmittel wie der feudale Bauer, der Pflug, Pferde und manches andere besessen hatte. Sie waren aber auch frei, dorthin zu gehen, wohin sie wollten, sie waren weder an einen Herrn noch an den Boden gebunden.
Einzelne solcher freien Arbeiter hat es immer auf dem Lande gegeben. Aber in England wurden sie zum ersten Male zu einer wichtigen und im Laufe der Zeit zur entscheidenden Schicht der Werktätigen auf dem Lande. Die Landwirtschaft wurde zu einer Produktion mit Menschen, die doppelt frei waren, frei von Eigentum und frei zur Suche ihrer Arbeit, also ihres Ausbeuters. Die Landwirtschaft wurde zu einem Betrieb, in dem kapitalistische Produktionsverhältnisse herrschten.
Denn so nennt man das Verhältnis von Menschen zueinander in der Produktion, in dem auf der einen Seite die Ausbeuter die Produktionsmittel besitzen und auf der anderen Seite die Ausgebeuteten in doppelter Beziehung frei sind.
Die reichen Kaufleute, die lange Zeit hindurch englische Wolle nach dem Kontinent verkauft hatten, be-

schlossen nun, selbst die Verarbeitung der Wolle zu übernehmen, selbst Tuche herzustellen. Für Tuche erhielt man natürlich mehr Geld als für Wolle.

Es entstanden immer größere Wolltuchproduktionsbetriebe. Die kleinen handwerklichen Tuchbetriebe wurden von großen Manufakturen verdrängt, in denen 50, 100 und 200 Menschen arbeiteten.

Solche Betriebe hatte es in kleiner Zahl schon im alten Griechenland und Rom gegeben. Dort waren Sklaven in ihnen beschäftigt gewesen. In England wurden jetzt freie Arbeiter, Proletarier, eingestellt.

Woher kamen diese?

Einmal waren es solche, die es vorzogen, in einen Betrieb zu gehen, für den man nicht jahrelang zu lernen hatte wie im Handwerk. Die Manufakturen hatten den Arbeitsprozeß (wie im alten Griechenland und Rom) sehr vereinfacht: Viele Spezialisten für einfache Handgriffe waren in einem großen Saal vereint.

Überdies war das Spinnen und Weben den Frauen von zu Hause aus vertraut, so daß jetzt Männer und Frauen zusammen in den Manufakturen arbeiteten.

Außerdem kamen Bauernsöhne und -töchter in die Manufakturen, die lieber andere als Landarbeit machen wollten und denen die Industriearbeit mehr einzubringen schien. So schrieb klagend zum Beispiel ein Großgrundbesitzer im Jahre 1724: »Es gibt kaum noch Melkmädchen, die Töchter der Landleute gehen alle in die Manufaktur zum Spinnen und Weben.«

Viele Manufakturen arbeiteten auch so, daß man es

den Arbeitern überließ, zu Hause zu spinnen und zu weben; nur zur letzten Bearbeitung kam das Tuch in die Manufaktur.

Nachdem aus vielen Kaufleuten Manufakturisten geworden waren, reiche Männer, die Tuche produzierten und auch verkauften, begannen sie zu überlegen: Können wir nicht noch mehr verdienen, wenn wir den Gewinn vom Verkauf der Wolle nicht den Landadligen überlassen, sondern selber auch die Wolle produzieren? Und wenn wir Land mit großen Schafweiden besitzen, sind wir außerdem viel vornehmer. Vielleicht können wir uns dann auch einen Adelstitel vom König geben lassen.

So kam der Kaufmann und Manufakturist auf das Land. Viel half diesen Stadtherren auch die englische Reformation. Der König beschlagnahmte in ganz England gewaltige Landmengen, die der katholischen Kirche gehörten, und gab sie zum Teil seinen Freunden oder verkaufte sie an reiche Städter.

Auf der anderen Seite sagten sich zahlreiche Landadlige, frühere feudale Herren: Wir haben große Schafherden und verdienen an der Wolle. Aber den Gewinn, der vom Verkauf des Tuches kommt, den überlassen wir den Manufakturisten und Kaufleuten. Wäre es nicht ganz praktisch, wenn zwar der ältere Sohn wie bisher unser Land erbt, der jüngere aber in der Stadt die Wolltuchproduktion und den Verkauf von Tuchen lernt und dann sich in eine solche Manufaktur einkauft?

Und so kam der Adel in die Tuchproduktion und in die Stadt.
Das wurde noch leichter, als mehr und mehr Tuchproduzenten außerhalb der Städte, auf dem Lande, Manufakturen errichteten. Einerseits blieben sie hier ungestört von den neidischen und immer wieder Streit anfangenden Zünften der Handwerker, und auf der anderen Seite waren sie den Schafen näher und auch den Arbeitern, die zu Hause für sie webten und spannen.
So bringt das Schaf Landadlige in die Industrieproduktion und macht aus Manufakturisten Großgrundbesitzer mit Schafen.
Es entsteht eine Gesellschaft, in der aus Adel und reichen Städtern mehr und mehr Kapitalisten werden, das heißt Ausbeuter, die die Produktionsmittel, Schafe und Boden, Spinnereien und Webstühle, zu Eigentum haben, und die freie Menschen als Proletarier beschäftigen, damit sie mit diesen Produktionsmitteln Waren herstellen.
Denn um diese Produktionsmittel zu nutzen, bedienen sie sich der Arbeitskraft freier Menschen, der Hirten und Schafscherer, der Spinner und Weber, die selber keine Produktionsmittel besitzen. Sie erhalten einen Lohn, müssen aber das Produkt ihrer Arbeit abliefern. Der Lohn reicht im allgemeinen gerade zum Leben.

Kapital und Mehrwert

Die Produktionsmittel – Manufakturgebäude, Webstühle, Schafherden und Weiden – nennt man das Kapital der Kapitalisten.

Woher hatten die Kapitalisten das Kapital?

Zum Teil gehörten ihnen der Boden und die Schafherden schon vorher, als sie noch feudale Herren waren. Zum Teil aber raubten sie das Land den Bauern. Die Bauern wurden mit Gewalt vom Boden vertrieben oder vom Staat der Kapitalisten so besteuert, daß sie das Land und alles, was ihnen sonst gehörte, das Vieh, den Pflug usw., billig an die Kapitalisten verkaufen mußten, um die Steuern zu bezahlen.

Außerdem raubten die Kapitalisten Getreide, Gewürze, Silber und Gold in allen Teilen der Welt, in Indien und Amerika und anderswo, indem sie bewaffnete Schiffe dorthin schickten und den Menschen, Indianern oder Indern oder in Afrika den Negern, ihre Produkte stahlen, ihr Land nahmen und es zur Kolonie machten.

Oder sie taten auch das, was sie Handel treiben nannten, was aber nur eine versteckte Form des Raubes war: Sie erwarben wertvolle Stoffe, Elfenbein oder Tabak gegen billigen Schund, den sie den Einwohnern aufschwatzten.

Mit ihren riesigen Gewinnen aus solchem Raubhandel bauten sie dann Manufakturen, kauften Webstühle

und ruinierten viele kleine Handwerker, die nicht soviel Geld hatten wie sie.
Auf solch primitive räuberische Weise Kapital ansammeln, wie es vor allem im 16. und 17. und 18. Jahrhundert üblich war, nennt man u r s p r ü n g l i c h e K a p i t a l a k k u m u l a t i o n (Kapitalansammlung).
Mit ihrem Kapital, mit den Produktionsmitteln, beschäftigten die Kapitalisten nun die Arbeiter. Das Mehrprodukt, das die Arbeiter für die Kapitalisten produzieren, nennt man den M e h r w e r t, den die Kapitalisten aus den Arbeitern herausholen.
Wie kommt dieser Mehrwert zustande? Wie holen die Kapitalisten ihn aus den Arbeitern heraus?
Da steht eine Manufaktur auf dem Lande – an einem Fluß, um die Kraft des Wassers auszunutzen. Aus den Dörfern der Umgebung kommen die Menschen, um in der Manufaktur zu arbeiten. Morgens um 6 Uhr beginnt die Arbeit – bis abends um 6 Uhr, bis es dunkelt und man nichts mehr sehen kann, dauert sie.
Die Arbeiter stehen an Webstühlen, und jeder hat bis zum Abend 12 Tücher gewebt.
Am Ende der Woche erhält der Arbeiter seinen Lohn für 6 Tage Arbeit, im ganzen 9 Mark, also 1,50 Mark pro Tag.
Mit diesen 9 Mark kann er eine Woche lang gerade so leben, daß er kräftig genug für seine Arbeit bleibt und Kinder großzieht, die nach ihm, wenn er alt und krank ist, im Betrieb arbeiten, damit der Kapitalist immer genug Arbeiter hat.

Der Arbeiter erhält also etwa soviel, wie seine Arbeitskraft wert ist. Der Kapitalist kauft die Arbeitskraft für einen Lohn von 1,50 Mark am Tag, und mit diesem Geld kann der Arbeiter das kaufen, was nötig ist, damit er seine vom Arbeitstag erschöpfte Arbeitskraft wiederherstellt und am nächsten Tag wieder arbeitsfähig ist.

Anscheinend wird hier ein ganz reelles Geschäft zwischen dem freien Kapitalisten und dem freien Arbeiter abgeschlossen. Der Arbeiter stellt dem Kapitalisten seine Arbeitskraft zur Verfügung und erhält von dem Kapitalisten soviel, wie die am Tag verbrauchte Arbeitskraft wert ist – denn am nächsten Tag hat der Arbeiter, nachdem er gegessen, getrunken und geschlafen hat, wieder etwa soviel Arbeitskraft wie am Tag zuvor. Der Kapitalist hat ihm keine Arbeitskraft geraubt.

Woher aber kommt der Gewinn des Kapitalisten?

Wir wissen, daß schon am Ende der Urgemeinschaft der Mensch durch bessere Werkzeuge und durch die Sammlung von allerlei Arbeitserfahrungen die Fähigkeit erlangte, mehr zu produzieren, als er für sich selbst brauchte, Mehrprodukt zu schaffen.

Je besser die Werkzeuge wurden, je besser die Menschen zu arbeiten verstanden, desto größer wurde dies Mehrprodukt.

Jetzt, mit all den Arbeitserfahrungen und den verbesserten Werkzeugen, die seit der Urgemeinschaft gesammelt und konstruiert worden sind, ist das Mehrprodukt natürlich viel größer als damals.

Und dieses Mehrprodukt stecken die Kapitalisten ein. Doch wie?

Sehen wir uns noch einmal die Produktion mit ganz einfachen Beispielen an.

In der Manufaktur sitzen 100 Arbeiter. Sie stellen Tuche her. Ihre Verwandten sind Landarbeiter. Sie stellen Getreide und Brote her. Der Landarbeiter produziert genug Getreide und Brote, um seine Familie zu ernähren, wenn er an jedem Wochentag nur 3 Stunden arbeitet. 3 weitere Stunden muß er arbeiten, um Brote herzustellen, die er gegen Tücher und andere Waren, die er braucht, tauschen kann.

Der Weber stellt in 1 Stunde genug Tuche für sich und seine Familie her. 5 weitere Stunden braucht er, um Tücher für den Tausch gegen Brote und andere Waren herzustellen.

Das heißt, der Landarbeiter wie auch der Weber müssen rund 6 Stunden am Tag arbeiten, um genug herzustellen, damit sie mit den produzierten und eingetauschten Sachen ihre Arbeitskraft voll erhalten können.

Aber sie arbeiten in Wirklichkeit viel länger. Sie arbeiten ja 12 Stunden, 2 mal 6 Stunden. Was tun sie in den letzten 6 Stunden?

Nun, da stellen sie Mehrprodukt, Mehrwert her. Und dieser Mehrwert gehört dem Kapitalisten. Denn der hat ihre Arbeitskraft für den Tag gekauft.

Der Kapitalist macht also einen gewaltigen Gewinn dadurch, daß er die Arbeitskraft der freien Arbeiter für einen Tag kauft. Ganz reell zahlt er den freien Arbeitern soviel, wie zur Wiederherstellung ihrer Arbeitskraft für einen Tag notwendig ist, also den Wert der Arbeitskraft für einen Tag – und das Mehrprodukt, den von den Arbeitern produzierten Mehrwert, steckt er ein.

Da die Kapitalisten ständig größeren Gewinn oder Profit, wie wir es beim Kapital nennen, haben wollen, sinnen sie auf immer neue Mittel, mehr aus dem Arbeiter herauszuholen.

Sie versuchen, ihm weniger Lohn zu zahlen, so daß er seine Lebensbedürfnisse nicht voll befriedigen, seine Arbeitskraft nicht im notwendigen Maße wiederherstellen kann.

Oder sie versuchen, den Arbeitstag zu verlängern und so eine noch größere Menge Mehrwert zu erhalten.

Oder sie rücken die Webstühle enger zusammen, um mehr Webstühle aufstellen und mehr Arbeiter beschäftigen zu können, so daß die Arbeiter gedrängter arbeiten müssen und es mehr Unfälle gibt.

Oder sie treiben die Arbeiter zu einem höheren Arbeitstempo an, damit sie mehr Mehrwert herstellen.

Bei all diesen Mitteln handelt es sich um unmittelbare Verschlechterungen der Lebens- und Arbeitsbedingungen der Arbeiter.

Aber es gibt noch einen anderen Weg, wie die Kapitalisten mehr Mehrwert erhalten, den Fortschritt bringenden Weg: Erhöhung der Produktivität der Arbeit.

Wenn der Arbeiter durch erhöhte Produktivität der Arbeit pro Stunde mehr produziert, dann braucht er vielleicht statt 6 Stunden nur 5 oder 4 Stunden zu arbeiten, um seinen eigenen Bedarf zu decken, seine Arbeitskraft wiederherzustellen. Und mehr Zeit bleibt am Tag für Mehrarbeit, um Mehrwert für den Kapitalisten herzustellen.

Immer, bis heute, sind die Kapitalisten diese beiden Wege gegangen, um den Mehrwert und den Profit zu erhöhen: Verschlechterung der Lage der Arbeiter einerseits und Verbesserung der Produktion, das heißt Steigerung der Produktivkräfte andererseits.

Sie gingen diese beiden Wege in England im 16. Jahrhundert, und sie gehen sie heute, im 20. Jahrhundert – in Westdeutschland, England, den Vereinigten Staaten von Amerika, Frankreich – überall, wo der Kapitalismus herrscht.

Die Methoden der Kapitalisten, mit denen sie die Lage der Arbeiter verschlechtern, sind den Proletariern aller Länder nur allzu bekannt. Die wichtigsten Arten der Verschlechterung seien hier noch einmal aufgezählt:

Verlängerung der Arbeitszeit,
größere Arbeitshetze,
Senkung der Löhne,
schlechtere Arbeitsbedingungen
am Arbeitsplatz.

Bevor wir aber noch mehr über den zweiten Weg sagen, nämlich über die Steigerung der Produktivität der Arbeit, müssen wir noch eine andere Frage behandeln.

Die bürgerliche Revolution

Wir hatten gesehen, wie sich der Kapitalismus im Schoße der feudalen Gesellschaft in England entwikkelte und die alten feudalen Bande löste. Wir sahen, wie die Produktivkräfte stiegen, wie wenige Hirten mit Schafherden den Großgrundbesitzern soviel oder mehr Gewinn brachten als tausende Landarbeiter und Bauern, die zuvor Getreide bauten. Wir sahen, wie Manufakturen entstanden, die mehr und besser arbeiteten als das Handwerk.

Haben sich aber die Feudalherren das einfach gefallen lassen? Haben sie keinen Klassenkampf gegen die stärker werdenden Kapitalisten, gegen die Bourgeoisie, wie wir das kapitalistische Bürgertum nennen, und auch gegen die kapitalistisch wirtschaftenden Adligen geführt?

Natürlich haben sie das getan, denn keine herrschende Klasse tritt freiwillig ab. Die englischen Feudalherren wurden auch von den Feudalherren Europas, insbesondere Frankreichs, in ihrem Klassenkampf unterstützt.

Die Feudalen Frankreichs schickten in den ersten Jahrzehnten des 17. Jahrhunderts Geld und Berater für die Feudalherren sowie Spione, Agenten und Diversanten nach England. Frankreich zur Seite stand der Papst, die katholische Kirche, voll besonderer Wut darüber, daß England eine eigene englische, von der katholischen in Rom unabhängige Kirche geschaffen hatte.

Aber unter Führung der englischen Städtebürger, insbesondere der damals gegenüber den Feudalherren einen Fortschritt darstellenden Bourgeoisie, erhob sich das werktätige Volk Englands. Der König, der sich auf die Seite der Feudalherren stellte, wurde geköpft.
Die englische Revolution brach 1640 aus. Seit dieser Zeit sind in England die Kapitalisten an der Macht.
Auch in Frankreich kam es zu einer Revolution, der größten und bedeutendsten aller Revolutionen in der Geschichte vor der Großen Sozialistischen Oktoberrevolution. Auch in Frankreich wurde der König, der der größte Feudalherr des Landes war, geköpft.
In Deutschland, wo die kapitalistische Entwicklung vor allem durch die feudale Kleinstaaterei verzögert und behindert wurde, halfen die revolutionären Armeen Frankreichs der Bourgeoisie, indem sie die deutschen Feudalherren besiegten.
Als es galt, die feudale Grundrente durch die kapitalistische Profitrate zu ersetzen, waren die Kapitalisten revolutionär. Sie standen an der Spitze der Bewegungen, die die feudale Gesellschaftsordnung endgültig vernichteten. Sie waren revolutionär, um, wie sie meinten, für immer ein kapitalistisches Ausbeutungssystem zu errichten.
Selbstverständlich führten die Hauptkämpfe die Bauern, die Handwerker und die damals noch ziemlich kleine Anzahl Arbeiter. Diese wollten kein neues Ausbeutungssystem haben. Sie wollten frei sein von feudalen Fesseln, sie wollten überhaupt keine Fesseln,

sondern ein friedliches und arbeitsames freies Leben führen.
Sie wurden aber von den Kapitalisten um das Ziel ihres Kampfes betrogen.
Natürlich waren die revolutionären Bourgeois in England und Frankreich ehrlich gegen die Feudalen eingestellt. Lagen sie doch mit ihnen in einem erbitterten Kampf um das Mehrprodukt und war doch der geschichtliche Fortschritt auf ihrer Seite!
Denn die feudale Gesellschaft war zum Hemmnis geworden, sie war nicht mehr fähig, die Produktivkräfte weiter zu entwickeln. Das konnten in der damaligen Situation nur die Kapitalisten, die Bourgeois.
Darum sagen Marx und Engels auch im Kommunistischen Manifest: »Die Bourgeoisie hat in der Geschichte eine höchst revolutionäre Rolle gespielt ... Die Bourgeoisie kann nicht existieren, ohne die Produktionsinstrumente, also die Produktionsverhältnisse, also sämtliche gesellschaftlichen Verhältnisse fortwährend zu revolutionieren.«
Aber wenn die Bourgeois, wenn die Kapitalisten in der Revolution den Werktätigen irgendwelche Versprechungen machten über ein besseres Leben, das den Bauern, Handwerkern und Arbeitern mehr Brot bringen sollte, ein schöneres Leben, »gute Zeiten«, dann betrogen die Kapitalisten die Werktätigen. Und wenn es im Laufe der Revolution wirklich hier und da den Bauern oder Handwerkern oder auch einigen der wenigen Arbeiter gelang, Machtpositionen einzunehmen, zum

Beispiel 1793 in Frankreich, dann verdrängten die Kapitalisten sie wieder durch Betrug und Verrat oder mit brutaler Gewalt.
Die Zeit war noch nicht reif für einen Staat der Werktätigen. Auf der Tagesordnung der Geschichte stand, entsprechend der Entwicklung der Produktivkräfte, die Herrschaft des Kapitals.
Mit der Herrschaft des Kapitals endeten daher auch diese Revolutionen.
Wir nennen sie bürgerliche Revolutionen, Revolutionen, durch die die Bürger, die Kapitalisten, ihr Ziel erreichten: Vernichtung des die Produktivkräfte hemmenden Feudalismus – ein revolutionäres Ziel.
Denn jedes Ziel, das auf das Ende einer alten verkommenen Gesellschaftsordnung gerichtet ist, ist revolutionär, es bedeutet, durch Klassenkampf eine grundlegende, eben eine revolutionäre Veränderung in den Produktionsverhältnissen, in der Herrschaft im Staat hervorzubringen.

Mit dem Webstuhl fing es an

»Die Bourgeoisie hat in ihrer kaum hundertjährigen Klassenherrschaft massenhaftere und kolossalere Produktionskräfte geschaffen als alle vergangenen Generationen zusammen«, erklärten Marx und Engels 1848 im Kommunistischen Manifest.

Darin bestand der zweite Weg, der fortschrittliche, auf dem sich die Bourgeoisie immer mehr Mehrwert, eine immer höhere Profitrate verschaffte.
Ein Weg, den die Kapitalisten gehen, um die Ausbeutung zu steigern, ein Weg, der mit Not und Elend für Millionen Menschen verbunden ist – das soll ein fortschrittlicher Weg sein?
Ja, so ist es, und so war es seit dem Übergang von der Urgemeinschaft zur ersten Ausbeutergesellschaft, der Sklavenhaltergesellschaft. Immer war der Fortschritt mit Not und Elend für die Werktätigen verbunden.
Ist doch die Wendung für immer, die mit der sozialistischen Gesellschaft kommt, auch der entscheidende Unterschied: Von jetzt ab bringt der Fortschritt stetig wachsendes Glück für die Menschen.
Der junge Kapitalismus brachte Fortschritt, indem die Kapitalisten auf Profitjagd gingen. Auf dieser Profitjagd entwickelten sie die Produktivkräfte, die heute den revolutionären Übergang zum Sozialismus ermöglichen, ja, die ihn, wie wir noch sehen werden, für die Menschheit absolut notwendig machen.
Nach der englischen Revolution stürzen sich die englischen Kapitalisten auf die Steigerung der Produktivkräfte.
Die Naturwissenschaften entwickeln sich schnell. Innerhalb der Naturwissenschaften aber beginnt ein neuer Zweig sich herauszubilden, der in der Zukunft die größte Bedeutung haben wird: die Technik.
Aus der Reihe der Techniker der frühen Zeit, der ersten

Hälfte des 18. Jahrhunderts, sei ein Name genannt, nämlich der von Newcomen.
Warum nennen wir gerade ihn?
Weil er zum ersten Male eine Art von Dampfmaschine erfand, die erfolgreich in der Wirtschaft verwandt wurde, nämlich im Bergbau. Es gelang ihm, Dampf zu benutzen zum Betreiben von Pumpen, die das immer wieder in die Schächte eindringende Wasser heraus-holten.
So konnte der englische Bergbau seine Produktion stark erweitern und tiefere Schächte anlegen.
Noch wichtiger aber war die Einführung der Dampfkraft in die Textilindustrie, in der wir die ersten mit Dampf betriebenen Maschinen finden, die die handwerkliche Arbeit des Menschen ersetzen (Pumpen ist keine handwerkliche Arbeit).
Und das kam so: Das Weben ging viel schneller und besser als das Spinnen. Mit dem einfachen Webstuhl leisteten die Weber damals schon so viel, daß die Spinner mit der Herstellung des Garns nicht nachkamen.
Als nun durch die Erfindung des sogenannten Schnellschützensystems der Webstuhl noch weiter verbessert wurde, zwang man die Menschen in den Gefängnissen zu spinnen, um genügend Garn zu beschaffen, und man versuchte, Bauernfrauen dazu zu bringen, hauptberuflich zu spinnen. Aber auch das brachte nicht genug Garn.
Der technische Fortschritt beim Weben, die große Web-Produktivkraft zwang zu beschleunigtem techni-

schen Fortschritt beim Spinnen, zwang zur Steigerung der Produktivkräfte beim Spinnen.

So drängt eine Produktivkraft zur Entwicklung einer anderen.

Die Kapitalisten setzten Prämien aus für Verbesserungen im Spinnen. Zahlreiche Handwerker-Ingenieure – damals gab es noch keine hauptberuflichen Ingenieure – experimentierten. Immer neue Versuche wurden gemacht, eine Spinnmaschine mit einer Reihe von Spindeln zu bauen.

Die ersten Spinnmaschinen werden konstruiert – von Wyatt und von Paul. Sie funktionieren aber noch nicht gut genug. Arkwright und Hargreaves gelingen weitere Verbesserungen, ebenso Crompton und anderen.

Zwei Generationen von Handwerker-Ingenieuren arbeiten an der Verbesserung der Spinnmaschine, bis sie allgemein eingeführt, allgemein verbreitet ist.

Aber nun sind die Spinnmaschinen so gut, daß sie mehr Garn spinnen, als die Weber verarbeiten können. Es ist notwendig, den Webstuhl erheblich zu verbessern.

Gegen Ende des 18. Jahrhunderts gelingt das Cartwright durch die Erfindung des mechanischen Webstuhls.

Mittlerweile sind die Bemühungen um die Verbesserung der Dampfmaschine weitergegangen.

Watt gelingt es, eine Dampfmaschine zu konstruieren, die den Anforderungen so ausgezeichnet entspricht, daß wir mit ihr den Beginn der modernen Industrie datieren.

Der Übergang von der Handarbeit, von der Manufaktur, zur Maschinenarbeit, zur Fabrik, ist vollzogen.

Die Zeit, in der dieser frühe technische Fortschritt den ganzen Produktionsprozeß umwandelte – umwandelte von einem Handarbeitsprozeß zu einem Maschinenarbeitsprozeß – nennen wir die Zeit der Industriellen Revolution.

Die Industrielle Revolution begann in England um etwa 1760, in Deutschland, Frankreich und den Vereinigten Staaten von Amerika einige Jahrzehnte später; sie endete in England in den dreißiger Jahren des 19. Jahrhunderts, in Frankreich und den Vereinigten Staaten von Amerika in den vierziger Jahren, in Deutschland noch später.

Marx und Engels beschreiben diese Periode im Kommunistischen Manifest: »Unterjochung der Naturkräfte, Maschinerie, Anwendung der Chemie auf Industrie und Ackerbau, Dampfschiffahrt, Eisenbahnen, elektrische Telegraphen, Urbarmachung ganzer Weltteile, Schiffbarmachung der Flüsse, ganze aus dem Boden hervorgestampfte Bevölkerungen – welches frühere Jahrhundert ahnte, daß solche Produktionskräfte im Schoße der gesellschaftlichen Arbeit schlummerten?«

Führer der Massen

Gewaltig wuchsen die Produktivkräfte, und mit den Produktivkräften vermehrte sich auch das Kapital.

Und noch eine Erscheinung der kapitalistischen Gesellschaft, die wichtigste, nahm an Umfang und Stärke zu.

Marx und Engels sagen im Kommunistischen Manifest: »In demselben Maße, worin sich die Bourgeoisie, d. h. das Kapital entwickelt, in demselben Maße entwickelt sich das Proletariat, die Klasse der modernen Arbeiter.«

Mit dem Wachstum der Produktivkräfte, mit der zunehmenden Anzahl der Fabriken vermehrt sich das Proletariat schnell. Und mit der wachsenden Zahl der Maschinen wird die Arbeit leichter und einfacher.

Die Arbeit! Aber nicht das Leben der Arbeiter.

Die Produktivkraft Maschine erleichtert und vereinfacht die Arbeit – großartig! sagen die Kapitalisten, da können wir jetzt ganz bequem ungelernte Arbeiter, Frauen und Kinder einstellen.

Die Produktivkraft Maschine erleichtert und vereinfacht die Arbeit – großartig! sagen die Kapitalisten, da können wir jetzt den Arbeitstag von 10 auf 12, auf 14, auf 16, ja, auf 18 Stunden verlängern.

Furchtbar waren die Arbeitsbedingungen in der Zeit der Industriellen Revolution.

Besuchen wir eine Baumwollspinnerei, irgendeine, um 1830 in England, in Frankreich, in Deutschland, in den USA – überall das gleiche Bild:

Dichtgedrängt stehen Männer und Frauen, mit Kindern von 12 und 10 oder von nur 5 und 4 Jahren neben sich, die helfen.

Die Luft ist voller Baumwollflocken und Staub, so daß die Menschen husten und ihnen die Augen tränen.
Ein kleines Kind von 7 Jahren ist eingeschlafen, weil es schon 12 Stunden Arbeit hinter sich hat. Die Mutter hat es nicht gleich bemerkt, wohl aber der Aufseher, der es mit seinem Stock wachschlägt.
Plötzlich ein Schrei – ein junges Mädchen, hohläugig und krank, ist vor Erschöpfung gegen die Maschine gefallen, und seine Hand ist nur noch ein blutiger Brei.
Der Aufseher kommt und flucht ob des Profitverlustes, denn die Maschine muß stillstehen und gesäubert werden. Er flucht so lange, bis ein anderes Mädchen den Platz der Verletzten eingenommen hat.
Dieser und jener Arbeiter ballt die Faust und weiß nicht, was anders er tun soll. Und mehr werden es, die voll Zorn und Empörung sind.
Aber was tun?
Ihr Zorn richtet sich gegen den Kapitalisten, aber sie schlagen gegen die Maschine.
Marx und Engels sagen im Kommunistischen Manifest: »Im Anfang kämpfen die einzelnen Arbeiter, dann die Arbeiter einer Fabrik, dann die Arbeiter eines Arbeitszweiges an einem Ort gegen den einzelnen Bourgeois, der sie direkt ausbeutet. Sie richten ihre Angriffe nicht nur gegen die bürgerlichen Produktionsverhältnisse, sie richten sie gegen die Produktionsinstrumente selbst; ... sie zerschlagen die Maschinen, sie stecken die Fabriken in Brand.«

Allmählich erkennen die Arbeiter, daß das im Grunde nichts hilft. Sie sind doch darauf angewiesen, zu arbeiten. Wenn sie dem Kapitalisten ihre Arbeitskraft, die die einzige Ware ist, die sie anzubieten haben, nicht verkaufen können, weil die Maschinen nicht laufen, dann müssen sie verhungern, denn sie besitzen keine Produktionsmittel.

Es kommt nicht darauf an, die Produktionsmittel zu zerstören, so schlägt man die Kapitalisten nicht. Es kommt darauf an, die Ware Arbeitskraft möglichst teuer zu verkaufen, solange der Kapitalismus noch existiert.

Wenn die Arbeiterklasse stark genug ist, dann gilt es, die Herrschaft der Kapitalisten zu stürzen und danach die Fabriken mit allen ihren Produktionsmitteln zum eigenen Nutzen, zum Nutzen des ganzen Volkes in Besitz zu nehmen.

Wie aber können die Arbeiter die Kapitalisten zwingen, ihnen höhere Löhne zu zahlen, die Arbeitszeit zu verkürzen, überhaupt ihnen bessere Arbeits- und Lebensbedingungen zu geben?

Das wichtigste ist, daß die Arbeiter gemeinsam handeln, also sich organisieren. Das lernten sie nach einiger Zeit. Arbeiter-Organisationen, Gewerkschaften, wie wir heute sagen, wurden gebildet. Zuerst vielleicht nur die Arbeiter einer Fabrik umfassend, dann die Spinnereiarbeiter aller Fabriken eines Ortes, dann die Spinnereiarbeiter einer Provinz und schließlich die eines Landes.

So organisierten sich auch die Weber, die Holzarbeiter, die Eisenarbeiter usw.
Später taten sich die verschiedenen Gewerkschaften zu einer großen Gewerkschaftsorganisation zusammen, die alle organisierten Arbeiter in allen Betrieben des Landes umschloß.
Natürlich war das ein längerer Prozeß. Es dauerte einige Zeit, bis viele Arbeiter einsahen, daß es richtig ist, sich zusammenzutun.
Auch großer Mut und Opferbereitschaft gehörten dazu. Denn die Kapitalisten warfen die Arbeiter, die sich organisierten, aus dem Betrieb hinaus.
Sehen wir an einem Beispiel, wie so etwas vor sich ging:
Die Arbeiter leben nur noch von Kartoffeln und Rüben, zu mehr reicht es nicht. Dem einen ist sein jüngstes Kind an einer Erkältung gestorben; der kleine Körper war so schwach von schlechter Ernährung, daß er selbst eine einfache Erkältung nicht mehr aushielt. Der Arbeiter möchte am liebsten den Webstuhl mit dem Beil zerhacken vor Wut und Zorn über den reichen Kapitalisten, der ihn und seine Familie hungern läßt.
Aber ein klügerer Arbeitskollege spricht mit ihm: Mach das nicht, das hilft nichts; wir müssen uns alle zusammentun und dann höheren Lohn vom Kapitalisten fordern.
Unser Arbeiter sieht das ein, und beide sprechen darüber mit anderen Kollegen.

Aber ein Meister, der mehr Lohn und auch gelegentlich eine gute Zigarre vom Kapitalisten erhält, hört, wie der Vater des verstorbenen Kindes darüber mit einem anderen Kumpel spricht. Er holt sich den Arbeiter heran und sagt ihm: Entweder verrätst du mir, was ihr macht und wer dahintersteckt, oder du fliegst aus dem Betrieb, und ich werde dafür sorgen, daß keine andere Fabrik dich einstellt. Bis morgen früh hast du Zeit, mir alles zu sagen.

Wir können uns leicht vorstellen, wie dem Arbeiter zumute ist, als er müde nach Hause kommt. Die Frau sieht verweint aus, weil sie gerade an das gestorbene Kind gedacht hat. Aber als sie den Topf mit Kartoffelsuppe auf den Tisch stellt und die beiden anderen Kinder die Suppe hungrig hinunterschlingen, da lächelt sie ihnen und dem Mann zu, damit es nett zu Hause ist, damit sie nicht alle traurig dasitzen.

Und nun erzählt der Mann aus dem Betrieb.

Die Mutter kann nicht weiteressen. Sie sieht eine Zeit noch größerer Not nur allzu deutlich vor sich. Sie blickt auf die beiden ihr gebliebenen Kinder. Soll sie die auch noch verlieren? Ein zweites und ein drittes Grab, bei dem sie am Sonntag sitzt, um darüber nachzusinnen, wie das Leben einst zu Hause war, als es noch Kinder gab?

Sie möchte dem Mann raten, dem Meister alles zu sagen – sie schlägt die Augen nieder, weil sie ihn bei solchen Worten nicht ansehen will. Aber dann denkt sie an die Kinder anderer Mütter und an ihre eigene

Kindheit, an den jüngsten Bruder, der am Webstuhl helfen mußte und dabei verunglückte. Immer hat es Elend und Hunger, Not und Tod gegeben. Nie war ein Ausweg da.

Und wenn man dem Meister alles erzählt – ist das ein Ausweg?

Leise spricht sie zu dem Mann, während ihre Augen die Kinder streicheln: Sag nichts!

Eine Heldenmutter? Vielleicht kann man sie so nennen. Aber nur, wenn man weiß: Tausende, Hunderttausende solcher Heldenmütter hat das Proletariat hervorgebracht. Besser sagt man ganz einfach: eine echt proletarische Mutter.

Tausende Arbeiterfamilien erlitten Not und Verfolgung, aber die Kapitalisten konnten nicht verhindern, daß die Organisationen des Proletariats immer stärker wurden.

Doch nicht die Stärke allein gewinnt den Sieg. Die Kapitalisten sind raffinierte Feinde. Der Klassenkampf ist eine Folge von Schlachten, die man nur gewinnen kann, wenn man den Gegner, wenn man das Schlachtfeld, die Produktionsverhältnisse, genau kennt. Der Klassenkampf braucht eine Wissenschaft.

Diese Wissenschaft, die den Klassenkampf lenken muß, die auf genauer Kenntnis der Wirtschaft und der ganzen Gesellschaft beruht, das ist die Wissenschaft des Sozialismus, die Marx und Engels begründet haben.

In jedem Kampf braucht man eine Kerntruppe, die die besten, die am meisten geschulten, die moralisch stärksten, die erfahrensten Kämpfer umfaßt. Ohne eine solche führende Kerntruppe kann der Kampf nicht endgültig gewonnen werden und sind auch die Tageskämpfe viel schwieriger und weniger erfolgreich.

Diese Kerntruppe, die höchste Form der Organisation, ist die Partei der Arbeiterklasse.

Die beste Partei der Arbeiterklasse, ein Vorbild für alle anderen Arbeiterparteien, haben die Bolschewiki in Rußland unter Führung von Lenin geschaffen. Lenins praktische Parteiarbeit und seine Schriften darüber, wie eine Arbeiterpartei aussehen muß, wie sie handeln soll, sind heute Vorbild für alle Klassenkämpfer, für alle Arbeiterparteien.

Das Mitglied einer Arbeiterpartei, der Genosse, steht immer in der vordersten Front des Kampfes, da, wo es am schwierigsten ist, da, wo der Feind vorstoßen will. Er ermutigt die anderen Arbeiter, wenn sie keinen Ausweg sehen. Er erzählt von den Kampferfahrungen der Arbeiterklasse. Er erklärt die Kampflehren von Marx und Engels und Lenin. Er ist in seinem persön - lichen Leben ein Vorbild.

Genossen, Mitglieder der Arbeiterpartei, wissen, daß sie sich unbedingt aufeinander verlassen können. Macht einer Fehler, so wird er kritisiert, man zeigt ihm die Fehler, und er lernt sie zu vermeiden.

Die Führung der Partei besteht aus den besten und erfahrensten Genossen. Mit Vertrauen blicken alle Genossen zu ihr auf, und die Führung hört auf die Masse der Genossen, hört auf ihre Erfahrungen, immer die

Interessen der Arbeiterklasse im Auge. Die Partei ist eine Gemeinschaft von Kämpfern, ein Kollektiv von Kampfgenossen.

Die Partei verkörpert alles Große und Schöne, das die Menschheit je geleistet hat. Alle großen Gedanken von der fernsten Vergangenheit der Urgemeinschaft bis zur Gegenwart sind in ihrer Wissenschaft des Marxismus-Leninismus enthalten, und täglich bereichert sich diese Wissenschaft an den neuen Erkenntnissen der Menschheit. Alle guten Gefühle, die die Menschheit je beseelten, sind in ihrer Moral enthalten, und tägliche Beispiele des Heldentums der Arbeiterklasse und der vom Kapitalismus unterdrückten Völker stärken ihre Moral weiter.

Das Wort Partei – es klingt wie ein Ruf zum Kampf, wie eine Mahnung zum Lernen und Lehren, wie ein Trost in des Tages Not. Die Partei holt das Beste aus jedem heraus und gibt jedem das Beste in seinem Leben. Die Partei fordert alles und gibt alles. Das ist die Partei im Leben eines Genossen.

Unter der Führung der Partei befreit sich das Proletariat der kapitalistischen Länder von der Ausbeutung – unter der Führung der Partei erbaut die Arbeiterklasse der befreiten Länder den Sozialismus und Kommunismus.

Das Kapital wächst – und mit ihm sein Totengräber

In England und in Frankreich, in den USA und in Deutschland war zuerst in der Baumwollindustrie die Maschine eingeführt worden.

Als die Baumwollindustrie voll mechanisiert war, als die Handspinner und Handweber, in tiefstes Elend geworfen, verhungernd, ihre Arbeit aufgeben mußten, weil sie nicht mit der Maschinenarbeit mitkamen, da war die Industrielle Revolution zu Ende.

Was jetzt folgte, war die stärkste Entwicklung der Produktivkräfte: die Mechanisierung der übrigen Industrien, vor allem der Aufbau einer Schwerindustrie, die Mechanisierung des Verkehrs, der Beginn der Mechanisierung der Landwirtschaft.

Zugleich wuchsen auch die Betriebe. Jeder Kapitalist versuchte, den anderen zu ruinieren und sein Geschäft mit zu übernehmen.

Da wird in dem einen Betrieb eine kleine Erfindung gemacht, die die Produktion von Schrauben vereinfacht und verbilligt. Dieser Kapitalist geht mit dem Preis für Schrauben herunter und verkauft jetzt mehr Schrauben als die anderen Kapitalisten, die die Schrauben nicht so billig herstellen können. Bei einigen von ihnen geht nun das Geschäft so zurück, daß sie ihren Betrieb schließen müssen.

Nach drei Jahren sind in dem Betrieb mit der neuen Erfindung statt 200 Arbeiter 600 Arbeiter beschäftigt –

zwei andere Betriebe mit je 100 Arbeitern aber mußten zumachen. Sie sind, wie man sagt, der Konkurrenz erlegen.
Doch in einem vierten Betrieb wird nach einiger Zeit eine noch bessere Erfindung gemacht. Jetzt geht es dem ersten Betrieb an den Kragen. Der vierte hat bald 1000 Arbeiter in Beschäftigung, und der erste geht nun von 600 auf 300 zurück.
So konkurrieren dauernd die kapitalistischen Betriebe miteinander, jagen einander die Kunden ab, richten sich gegenseitig zugrunde. Aber die, die übrigbleiben, wachsen, werden immer größer; sie beschäftigen 500, 1000, 3000 und noch mehr Arbeiter.
Jeder Kapitalist muß demnach mit den anderen Kapitalisten konkurrieren, jeder muß bemüht sein, die Entwicklung der Produktivkräfte zu immer steigender Produktion in seinem Betrieb auszunutzen, die Produktivkräfte seines Betriebes über die der anderen zu erhöhen und immer mehr Produkte zu verkaufen.
Mit der weiteren Entwicklung der Produktivkräfte, insbesondere nach 1850, wuchsen nicht nur die Betriebe, und nicht nur immer mehr Maschinen wurden entwikkelt, sondern immer größere Maschinen entstanden, die oft auch komplizierter zu handhaben waren. Darum wurden mehr gelernte Arbeiter notwendig, das heißt, die Produktivkraft der Arbeiter, ihre Arbeitserfahrung mußte erhöht werden.
Mit den besseren Maschinen und den erfahreneren Arbeitern konnte man wiederum mehr in kürzerer Zeit

produzieren. Wozu man früher einen Tag gebraucht hatte, brauchte man jetzt nur eine Stunde; worauf man früher eine Stunde verwandt hatte, verwandte man jetzt nur einige Minuten.
Die Produktivität entwickelte sich in einem Tempo wie nie zuvor. Vergingen früher 1000 Jahre, um die notwendige Arbeitszeit etwa zur Herstellung eines Schuhs um die Hälfte zu kürzen, so vollzog sich jetzt solch ein Fortschritt bisweilen in 1000 Tagen.
Insbesondere war die Steigerung der Produktivität dort groß, wo an die Stelle von Handarbeit die Maschinenarbeit trat. Eine amerikanische Statistik vergleicht die Zeit, die um die Mitte des 19. Jahrhunderts zur Herstellung einer Reihe von Waren mit der Hand erforderlich war, mit der Arbeitszeit, die man nach Einführung der Maschinenproduktion für die gleichen Waren gegen Ende des Jahrhunderts brauchte:

Arbeitszeit bei Hand- und Maschinenarbeit
für verschiedene Waren

Hergestellt werden:

100 Paar schwere Schuhe
i.J. 1859 in 1437 Std. – i.J. 1895 in 153 Std.

100 Paar Frauenschuhe
i.J. 1858 in 1025 Std. – i.J. 1895 in 80 Std.

12 Dutzend Hemden
i.J. 1853 in 1438 Std. – i.J. 1895 in 188 Std.

25 000 Pfund Seife
i.J. 1839 in 432 Std. – i.J. 1897 in 22 Std.

12 Stück Bänke

i.J. 1860 in	1223 Std.	– i.J. 1895 in	287 Std.

12 Stück Tische

i.J. 1860 in	563 Std.	– i.J. 1894 in	83 Std.

50 Stück Türen

i.J. 1857 in	1385 Std.	– i.J. 1895 in	510 Std.

100 Stück Schrauben

i.J. 1862 in	8 Std.	– i.J. 1896 in	2 Std.

100 000 Stück Kuverts

i.J. 1855 in	435 Std.	– i.J. 1896 in	32 Std.

Frauenschuhe zum Beispiel stellte man also 1895 mehr als 10mal so schnell her wie 1858 und Seife rund 20mal so schnell; bei Türen und Bänken war der Fortschritt langsamer, aber auch hier stieg die Produktivität im Vergleich zu früheren Jahrhunderten und Jahrtausenden ganz enorm.

Gibt es nun ein beständiges Wachsen der Produktivkräfte von Jahr zu Jahr?

Wenn wir diese Frage beantworten wollen, müssen wir zuerst daran denken, daß die Arbeiter nur wenig Lohn bekommen. Sie können daher die wachsende Menge der Produktion nicht kaufen. Und eines Tages sind zuviel Produkte vorhanden, die die Kapitalisten nicht mehr verkaufen können. Sie legen ihre Betriebe teilweise oder ganz still. Es entsteht Arbeitslosigkeit. Eine Krise ist ausgebrochen.

Statt eines Wachstums setzt jetzt eine große Vernichtung von Produktivkräften ein. Moderne Maschinen

stehen still, sie rosten oder veralten, so daß sie nach dem Ende der Krise nichts mehr nützen.
Die Lage der Arbeiterklasse wird schlechter, die Arbeitslosen sind ohne Lohn, und diejenigen, die noch Arbeit haben, werden ständig von Arbeitslosigkeit bedroht. Die Kapitalisten nutzen das aus, indem sie die Arbeitsbedingungen verschlechtern und den Arbeitern weniger Lohn zahlen.
Gleichzeitig geht auch in der Arbeiterklasse selbst eine Vernichtung von Produktivkräften vor sich: Die Arbeitserfahrung und die Arbeitsfertigkeit der Arbeiter gehen nämlich bei langer Arbeitslosigkeit teilweise verloren.
Wenn der Tiefpunkt der Krise überschritten, der Überschuß an Produkten infolge Stillstands vieler Fabriken, die nichts produzieren, allmählich aufgebraucht ist, beginnt ein neuer wirtschaftlicher Aufschwung.
Die Kapitalisten, die ihr Kapital über die Krise hinweggerettet haben, beginnen wieder, auf der Jagd nach mehr Profit ihre Produktion möglichst schnell zu steigern. Nach einigen Jahren sind wieder zuviel Produkte da, die nicht verkauft werden können – eine neue Krise ist ausgebrochen...
Solche kapitalistischen Wirtschaftskrisen entstehen alle 8–12 Jahre.
In der Krise, sagen Marx und Engels, empören sich die Produktivkräfte gegen die Produktionsverhältnisse, in denen anarchisch, ohne Plan drauflosproduziert wird und die Werktätigen nicht genügend Lohn erhalten, um die Waren, die sie produzieren, zu kaufen.

Die größte Krise war die von 1929 bis 1932; wir werden sie später noch ausführlich behandeln.
Aber nie darf man vergessen, daß die wilde, anarchische kapitalistische Konkurrenz, die hilft, die Krisen herbeizuführen und in der ein Kapitalist den anderen kaputtzumachen sucht, die Kapitalisten dazu bringt, die Produktivkräfte immer mehr zu verstärken, die Handarbeit immer mehr durch Maschinenarbeit zu ersetzen und die Maschinen immer mehr zu verbessern.
Die Konkurrenz ist in der kapitalistischen Gesellschaft ein Hebel zur Steigerung der Produktivkräfte und bringt so Fortschritt.

Entsprechend der Produktivitätssteigerung stieg das Mehrprodukt, stieg der Mehrwert, der den Arbeitern geraubt wurde. Entsprechend erhöhte sich auch das Kapital in den Händen der Kapitalisten und ihre Gewalt über die Arbeiter.
Aber die Bildung von Arbeiterparteien unter der Anleitung von Marx und Engels und die Verstärkung der gewerkschaftlichen Arbeit brachten für das Proletariat gute Erfolge. Der wichtigste dieser Erfolge war die Verkürzung der Arbeitszeit. Sie ging im Laufe des 19. Jahrhunderts von ihrem Höhepunkt – 14, 16, 18 Stunden pro Tag – auf 12, 11, ja 10 Stunden herunter.
So veränderten Steigerung der Produktivkräfte und Klassenkampf das Leben der Menschen entscheidend.

Warum ist die Verkürzung der Arbeitszeit unter dem Kapitalismus so außerordentlich wichtig für die Arbeiterklasse?

Einmal natürlich, weil die Verkürzung der zu langen Arbeitszeit für die Gesunderhaltung notwendig ist. Aber es gibt weitere wichtige Gründe.

Überlegen wir: Ein Arbeiter schuftet von 7 Uhr morgens bis 10 Uhr abends. Er muß, wenn er einen Weg von einer halben Stunde zum Betrieb hat, morgens um 6 Uhr spätestens aufstehen und ist erst um 10 ½ Uhr abends wieder zu Hause. Woher soll er Zeit und Kraft nehmen, um zu lesen, sich für den Klassenkampf zu rüsten, sich marxistisch zu bilden? Wann soll eine Sitzung, eine noch so kurze Besprechung stattfinden, um über Organisationsfragen zu beraten oder ein Flugblatt zu schreiben? Fast unmöglich ist das alles bei einem solchen langen Arbeitstag.

Mit der Verkürzung der Arbeitszeit aber wachsen die Bildungs- und Organisationsmöglichkeiten der Arbeiter, wird ihre Klassenkampfstellung eine bessere, können sie wirksamer für eine weitere Verkürzung der Arbeitszeit kämpfen.

Wir müssen dabei an die Entwicklung und an die historische Aufgabe der Arbeiterklasse denken: Die Sklaven konnten nicht die Macht erobern – dazu waren andere Klassen und Schichten der Bevölkerung von der Geschichte ausersehen. Die Bauern konnten nicht die Macht erobern, dazu war damals nur die Bourgeoisie, die Klasse der Kapitalisten, fähig. Keine

breite unterdrückte Schicht einer früheren Ausbeutergesellschaft konnte die Macht erobern.
Erst die Arbeiterklasse ist dazu fähig, die Arbeiterklasse mit der mächtigen Entwicklung der Produktivkräfte, mit der kürzeren Arbeitszeit, die ihr erlaubt, sich der Wissenschaft zu bemächtigen, sich besser zu organisieren, politisch immer klüger zu werden, Kampferfahrungen zu sammeln und zu verbreiten. Erst mit dem Sturz des Kapitalismus kommt eine Massenschicht der Werktätigen an die Macht, eben die Arbeiterklasse – im Bündnis mit den Bauern und allen anderen werktätigen Schichten.
Erinnern wir uns noch einmal, was Engels darüber gesagt hat: »Solange die wirklich arbeitende Bevölkerung von ihrer notwendigen Arbeit so sehr in Anspruch genommen wird, daß ihr keine Zeit zur Besorgung der gemeinsamen Geschäfte der Gesellschaft – Arbeitsleitung, Staatsgeschäfte, Rechtsangelegenheiten, Kunst, Wissenschaft etc. – übrigbleibt, solange mußte stets eine besondre Klasse bestehen, die, von der wirklichen Arbeit befreit, diese Angelegenheiten besorgte ...«
Soweit hatten wir schon vorher, bei der Betrachtung der Sklavenhaltergesellschaft, zitiert.
Dann wendet sich Engels seiner Gegenwart zu und bemerkt: »Erst die durch die große Industrie erreichte ungeheure Steigerung der Produktivkräfte erlaubt, die Arbeit auf alle Gesellschaftsglieder ohne Ausnahme zu verteilen und dadurch die Arbeitszeit eines jeden so zu beschränken, daß für alle hinreichend freie Zeit

bleibt, um sich an den allgemeinen Angelegenheiten der Gesellschaft – theoretischen wie praktischen – zu beteiligen. Erst jetzt also ist jede herrschende und ausbeutende Klasse überflüssig, ja ein Hindernis der gesellschaftlichen Entwicklung geworden, und auch jetzt erst wird sie unerbittlich beseitigt werden, mag sie auch noch so sehr im Besitz der ›unmittelbaren Gewalt‹ sein.«

Es ist also die mächtige Entwicklung der Produktivkräfte, die die Kapitalisten selbst auf ihrer Profitjagd herbeiführen, welche zugleich das Ende der kapitalistischen und damit jeder Ausbeutergesellschaft möglich macht.

So erzeugt das Kapital, das das Proletariat schafft, seinen eigenen Totengräber. So gibt das Kapital mit der Entwicklung der Produktivkräfte seinem Totengräber die Mittel in die Hand, um auf dem Grabe des Kapitals eine neue, schönere Welt zu bauen, eine Welt, in der die Produktivkräfte, befreit von den Fesseln der Ausbeutungsverhältnisse, schneller wachsen denn je, eine schönere Welt, hervorgebracht von freien Menschen.

Immer ernster bereiten sich die Arbeiter auf den Sturz des Kapitalismus vor. Mit Eifer lesen die Besten und später Tausende, Hunderttausende, Millionen die Schriften von Marx und Engels. Arbeiterzeitungen entstehen, die ihre Ideen verbreiten, die von Streiks in Japan und Deutschland, in Indien und England, in Chile und Frankreich, in Amerika und China berichten.

Die Arbeiter wissen besser Bescheid, wie das kapitalistische System funktioniert, als die Kapitalisten selber. Zum ersten Male in der Geschichte der Menschheit sind die Ausgebeuteten, die Unterdrückten wissenschaftlich gebildeter als die Ausbeuter und Unterdrükker. Staatsmänner und Universitätsprofessoren sind Dummköpfe den Arbeitern gegenüber, die Marx und Engels gelesen haben.

Aber zur Zeit von Marx und Engels ist die nackte Gewalt der herrschenden Klasse noch übergroß. Die Masse der Unterdrückten, soweit sie nicht zur Arbeiterklasse gehört und Marx und Engels gelesen hat, steht unter dem Einfluß der herrschenden Klasse, ihrer Lehrer und Priester, ihrer Zeitungen und politischen Redner. Kaum lesen Bauern und Handwerker, kleine Händler und kleine Beamte die Arbeiterpresse oder die Werke von Marx und Engels.

Doch schon verlaufen die Kriege anders, seitdem es eine durch Marx und Engels geschulte Arbeiterklasse gibt, eine Arbeiterklasse, die sozialistisch denkt.

Als sich im Deutsch-Französischen Krieg von 1870/71 die französischen Kapitalisten als völlig unfähig erwiesen, im Interesse des französischen Volkes zu handeln, da erhob sich die Arbeiterklasse von Paris und eroberte die Macht.

Sie konnte sich wochenlang heldenhaft gegen die Truppen der französischen Kapitalisten halten. Hoch wehte die Fahne der Pariser Kommune dem Weltproletariat voran. Und als das Kapital Frankreichs mit Hil-

fe des deutschen Kapitals die Arbeiter von Paris niederzwang, da konnten sie die Fahne des Proletariats, die Fahne der Kommune, nicht einholen.
Stets seit 1871 weht sie hoch über den wütend nach ihr greifenden Tatzen des Kapitals, ein die ganze Welt erleuchtendes Fanal, in dessen Licht das Proletariat auf dem Wege zur Macht voranschreitet – bis am 7. November 1917 die Proletarier Rußlands eine neue Fahne aufziehen, noch höher und weit größer: die Fahne der siegreichen Machtergreifung und Machterhaltung.
Aber 1917 – dies Jahr ist noch fern der Zeit von 1871, der Zeit der Pariser Kommune. Von 1871 bis 1917 wandelte sich der Kapitalismus. Aus dem 1871 noch starken Kapitalismus, den die Kommune gerade erst in seinen Grundfesten zu erschüttern begann, war ein faulender Kapitalismus geworden.
Über ihn müssen wir jetzt mehr sagen.

SECHSTES KAPITEL

Der Imperialismus – Der faulende Kapitalismus

Das Monopol treibt die Preise hoch und behindert die Entwicklung der Produktivkräfte

Stärker und mächtiger werden die Produktivkräfte. Größer werden die Betriebe, in denen immer mehr Maschinen stehen und eine wachsende Anzahl von Arbeitern beschäftigt wird.

Um solch große Produktivkräfte in einem Betrieb zu vereinen, braucht man sehr viel Kapital. Reichten früher 3 Millionen Mark, um ein Stahlwerk aufzubauen, so sind jetzt 30 Millionen und schließlich 300 Millionen Mark und noch mehr nötig.

Immer weniger Kapitalisten sind fähig, soviel Kapital zu beschaffen. Die Banken kommen zu Hilfe. Mehrere Kapitalisten tun sich mit einer Bank zusammen und errichten einen großen Betrieb, statt daß jeder von ihnen seine eigene kleine Fabrik baut.

Die Zahl der Fabriken wird in vielen Industrien kleiner, und jede einzelne Fabrik wird größer. Sehen wir uns zum Beispiel die Geschichte der Kohlenzechen im Ruhrgebiet an:

Im Jahre 1860 gab es 278 Zechen. Im Durchschnitt förderte jede Zeche 15 500 Tonnen Kohle – und beschäftigte 103 Arbeiter.

Im Jahre 1880 gab es 193 Zechen. Im Durchschnitt förderte jede Zeche 115 900 Tonnen Kohle – und beschäftigte 426 Arbeiter.
Im Jahre 1900 gab es 170 Zechen. Im Durchschnitt förderte jede Zeche 353 600 Tonnen Kohle – und beschäftigte 1345 Arbeiter.
Die Zahl der Kohlenzechen ging von 1860 bis 1900 um 108 zurück. Jede Zeche aber förderte 1900 im Durchschnitt über 22mal soviel Kohle wie 1860 und beschäftigte rund 13mal so viele Arbeiter.
In manchen Industrien blieben überhaupt nur noch 20 oder 10 oder sogar noch weniger große Betriebe übrig. Und nun geschah das folgende: Die 20 oder 10 Kapitalisten, die sich bisher bis aufs Blut bekämpft und die wildeste Konkurrenz gegeneinander betrieben hatten, überlegten sich: Ist es nicht besser, wir vereinen uns miteinander? Dann brauchen wir zum Beispiel nicht die Preise herabzusetzen, um uns gegenseitig die Kunden abzujagen. Wir legen gemeinsam die Preise fest, so hoch wie möglich, und machen viel größere Profite. Wir haben es dann auch nicht mehr nötig, andauernd Kapital für neue Maschinen aufzubringen und uns mit Erfindungen, mit der Entwicklung der Produktivkräfte so anzustrengen, weil wir ja vereint sind und uns nicht mehr gegenseitig Konkurrenz mit immer billigeren Waren machen müssen.
So entstanden in einer Reihe von Industrien verschiedene Formen von Kapitalistenvereinigungen. Teils schlossen sie sich direkt zu einem Riesenbetrieb zu-

sammen, teils vereinbarten sie nur die Preise und Produktionsgröße und vieles andere miteinander.
Solche Kapitalistenvereinigungen nennt man M o n o p o l e. Und d i e Zeit des Kapitalismus, in der die Monopole die entscheidende Kraft im Wirtschaftsleben geworden sind, nennt man die Zeit des Monopolkapitalismus.
Eine Vielzahl kleiner kapitalistischer Betriebe besteht zwar weiter in Industrien, die nicht monopolisiert sind, aber sie sind bedeutungslos, ohne jeden Einfluß auf die wirtschaftliche Entwicklung, und werden außerdem ständig vom Ruin bedroht.
Folgendes also ist geschehen:

1. Im Konkurrenzkampf der Kapitalisten miteinander wurden die Produktivkräfte immer stärker entwickelt.
2. Im Gefolge des Wachstums der Produktivkräfte entstanden Riesenbetriebe, für die sehr große Mengen Kapital erforderlich waren, so daß an Stelle von 50 kleineren Kapitalisten vielleicht nur noch 5 ganz große Kapitalisten Produktionsbetriebe haben konnten.
3. Die 5 ganz großen Kapitalisten schlossen sich nun zu einem Monopol zusammen, das die Konkurrenz zwischen ihnen ausschaltete und so die Entwicklung der Produktivkräfte hemmte.

Wie kann es aber zu einer Hemmung der Entwicklung der Produktivkräfte kommen?

Früher, wenn ein Betrieb, der mit 100 oder 500 anderen Betrieben im Konkurrenzkampf stand, eine Erfindung machte, dann war es für ihn vorteilhaft, wenn er die Erfindung möglichst schnell anwendete, um die anderen Betriebe durch billigere Produktion auf dem Markt zu schlagen.
Jetzt aber gibt es bisweilen nur 5 oder noch weniger Riesenbetriebe in einer Industrie, die sich zu einem Monopol, zu einer Vereinigung von Riesenbetrieben zusammengeschlossen haben.
Stellen wir uns nun vor, daß in einem Monopolbetrieb, dessen Maschinen natürlich gewaltig an Umfang und darum sehr teuer sind, eine neue Erfindung gemacht wird, bei deren Anwendung viel billiger produziert werden könnte. Die alten Produktionseinrichtungen, mindestens ein Teil der teuren Maschinen, wären allerdings dann nutzlos, denn neue Maschinen müßten für die Ausnutzung der Erfindung angeschafft werden.
Daran ist aber der Monopolkapitalist, der ja keine Konkurrenz zu fürchten hat, nicht interessiert. Warum schon wieder viel Geld für neue Maschinen ausgeben? Er nimmt daher die Erfindung und – vernichtet sie, er legt sie zum Beispiel in einen Safe, wo sie nutzlos vergilbt.
Also geht es mit der Entwicklung der Produktivkräfte unter der Herrschaft der Monopole zurück?
Nein, ganz und gar nicht – und warum nicht?

Konkurrenz der Monopole

Es gibt nämlich Konkurrenzbestrebungen sowohl innerhalb der Monopole wie auch Konkurrenz der verschiedenen Monopole untereinander. Und im Konkurrenzkampf werden die Produktivkräfte gesteigert.
Zum Beispiel haben sich in den Vereinigten Staaten von Amerika die Kapitalisten in der Kohlenindustrie monopolistisch zusammengetan, um höhere Kohlenpreise zu fordern. Viele Menschen starben im Winter an Lungenentzündung, weil sie sich zu den teuren Preisen nicht genügend Kohle kaufen konnten, um die Wohnung ordentlich zu heizen.
Aber dann taten sich auch die Produzenten von Öl zusammen. Sie machten eine große Reklame: Heizt nicht mit Kohle – Ölheizung ist sauberer und billiger!
Es gab einen Konkurrenzkampf zwischen dem Kohlemonopol und dem Ölmonopol. Die Kohleproduzenten und die Ölproduzenten versuchten, mit immer besseren Produktivkräften, mit neuen und besseren Maschinen, billiger zu produzieren, um auch ohne steigende Preise immer höhere Profite zu machen und zugleich dem anderen die Kunden abzujagen.
Die Monopolisten scheuen kein Verbrechen, wenn es darum geht, der Konkurrenz zu schaden und selber höhere Profite zu erlangen. Sie stehlen sich nicht nur gegenseitig Patente und neue Erfindungen, beauftragen nicht nur Menschen, Unfälle in den Fabriken der

anderen zu verursachen und Morde zu begehen, sondern sie zetteln auch »Unruhen« größeren Ausmaßes an.

Ein Beispiel für solch blutige Konkurrenzkämpfe:

Erbittert stritten amerikanische und englische Monopolisten um den Besitz der mexikanischen Ölquellen. Zuerst hatten amerikanische Ölmonopolisten mit dem Doheny-Konzern an der Spitze sich einen Teil des mexikanischen Öls gesichert. Dann kamen englische Ölmonopolisten mit einem Lord Cowdrey an der Spitze, die ebenfalls einen Teil der mexikanischen Ölproduktion an sich brachten. Wer würde siegen?

Jetzt geschah folgendes auf Veranlassung der sich bekämpfenden Monopole: Ölleitungen wurden zerstört, Ingenieure wurden ermordet, Transporte mit Lohngeldern überfallen und beraubt, Ölsonden wurden angezündet.

Der Präsident von Mexiko, Diaz, aber ließ sich sowohl von den amerikanischen wie von den englischen Monopolisten bezahlen, um ihnen Ölkonzessionen zu geben.

Schließlich zettelten die Amerikaner eine Revolution gegen Diaz an, und so kam es 1910 zu einem Bürgerkrieg in Mexiko, bei dem auf beiden Seiten Ölmonopolisten die Drahtzieher waren.

Ein Amerikaner, der als Hauptmann einer mexikanischen Einheit gegen Diaz kämpfte, sagte später vor einer Untersuchungskommission des amerikanischen Parlaments aus, daß sowohl Gelder wie auch Waffen

für den Kampf gegen Diaz von dem amerikanischen Öl-Monopolisten Doheny geliefert worden waren.
So besteht also auch unter der Herrschaft der Monopole heftige, ja, viel heftigere und blutigere Konkurrenz als vorher, und so entwickeln sich die Produktivkräfte, trotz aller Hemmungen, sogar noch schneller als im 19. Jahrhundert.

Konzentration der Arbeiter

Ein Monopolbetrieb hat eine ungeheure Macht.
Waren früher in einem Großbetrieb vielleicht 5 000 Arbeiter beschäftigt, so sind es jetzt 30 000 Arbeiter oder noch mehr.
30 000 Arbeiter – mit ihren Familienmitgliedern sind es 150 000 Menschen, eine große Stadt, die hier in einem Monopolbetrieb oder Konzern, wie man auch sagt, vereint ist. Über das Schicksal dieser 150 000 Menschen entscheiden drei, vier Monopolisten, die an der Spitze des Konzerns stehen.
Das Geschäft läßt eines Tages nach, der Konzern erhält weniger Aufträge, und diese drei oder vier Monopolisten entscheiden, daß 5 Prozent der Belegschaft zu entlassen sind.
5 Prozent der Belegschaft, 1500 Arbeiter, das sind 7 000 bis 8 000 Menschen mit Frauen und Kindern, die auf Hungerrationen gesetzt werden, weil das Geschäft nicht mehr so gut geht! Eine ganze Kleinstadt wird

von einem Tag zum anderen zu Arbeitslosigkeit, zu Tagen voll Sorge und Not verurteilt – von drei oder vier Monopolisten.

Aber mehr: Die übrigen Arbeiter und ihre Familien sind in Unruhe, wer wann als nächster entlassen wird. Eine Großstadt ist von drei oder vier Monopolisten schwer getroffen, ein dunkler Schatten liegt über dem Leben der Menschen, Unsicherheit hat sie alle erfaßt.

Wie morsch ist eine Gesellschaftsordnung, die den Arbeiter nicht mehr arbeiten lassen, den Ausgebeuteten nicht mehr ausbeuten kann!

Beim Zerfall der Sklavenhaltergesellschaft hatten wir gesehen, daß die Sklavenhalter ihre Sklaven freilassen mußten, weil sie sie nicht mehr beschäftigen und ernähren konnten. Ähnliches vollzieht sich im Monopolkapitalismus, den wir eben deshalb den »faulenden« oder »sterbenden« Kapitalismus nennen. Massenhafte Arbeitslosigkeit, immer wiederkehrendes wirtschaftliches Chaos, Verbrechen und Kriege kennzeichnen seinen Weg.

Keine herrschende Klasse tritt von allein ab, gibt etwa ihre Herrschaft ab, weil sie erkennt, daß sie nichts mehr taugt. Im Gegenteil – mit den wachsenden Schwierigkeiten wächst die Profitgier der Kapitalisten. Sie saugen die Arbeiter bis aufs letzte aus. Jede technische Verbesserung ist mit einer Steigerung der Arbeitshetze verbunden. Oft sind die Arbeiter nach 8 Stunden so müde wie 100 Jahre zuvor nach 14 Stunden Arbeit. Die Gewerkschaften kämpfen mit Erfolg für den Arbeitsschutz gegen Unfälle. Zugleich aber treibt die Arbeitshetze trotz aller Schutzmaßnahmen die Zahl der Unfälle herauf. Nervöse Krankheiten des Magens und Herzens nehmen zu. Früher altern die Arbeiter, früher werden sie aus dem Betrieb herausgeworfen, weil sie mit dem Tempo nicht mehr mitkommen.

So plündern die Monopolisten die bei ihnen beschäftigten Arbeiter bei der Arbeit und gleichzeitig die Massen des Volkes durch ihre hohen Preise immer stärker aus.

Aber die Tatsache, daß es solche Riesenbetriebe gibt, hat noch eine andere Seite: 30 000 Arbeiter in einem Betrieb vereint – das ist eine Macht.

Der Kapitalismus hat im 19. Jahrhundert durch die Steigerung der Produktivität und die damit verkürzte Arbeitszeit dem Arbeiter ganz unfreiwillig die Möglichkeit gegeben, die Zeit zu finden, sich marxistisch zu bilden, sich zu organisieren und für den Klassenkampf zu rüsten.

Jetzt sehen wir, daß der Monopolkapitalismus, natürlich ebenfalls gegen seinen Willen, seinem eigenen Totengräber bessere Klassenkampfbedingungen schafft.

Denn mit der Konzentration so vieler Arbeiter in einem Betrieb wird es leichter für sie, sich im Kampf für gemeinsame Forderungen zusammenzuschließen, sich zu organisieren.

Leichter wird es auch den Arbeitern, zu erkennen, wie widersinnig es ist, daß 4 oder 5 Monopolherren

sich das Mehrprodukt von 30 000 Arbeitern aneignen. Wenn früher die Kapitalisten in ihren Betrieben meist noch Fachleute waren, die die Arbeit selbst anleiteten und beaufsichtigten, so sind die Monopolherren nur noch Kapitalbesitzer und Mehrwerträuber. Die Arbeiter kennen sie oft gar nicht, denn eine Schar von Aufsehern besorgt ihre Geschäfte.
Unter solchen Bedingungen ist es leichter einzusehen, wie ganz überflüssig die Kapitalisten sind, und daß es notwendig ist, für die Errichtung einer sozialistischen Gesellschaft zu kämpfen, in der die Arbeiter selber die Herren der Produktion sind.
Es wachsen also auch die politische Erkenntnis und die politische Kraft der Arbeiterklasse.

Imperialismus und Krieg

Wir hatten gesehen, wie sich die großen Kapitalisten in den Industrien eines Landes, zum Beispiel in der Ölindustrie oder in der Elektroindustrie, zu einem Monopol zusammentun. Monopol bedeutet immer Diktatur, Alleinherrschaft auf dem Markt. Darum kann es einem Monopol auch nicht genügen, wenn es nur in einem Land herrscht. Was nutzt dem Kapital ein festes Kupfermonopol in Deutschland, wenn ausländische Kupferkapitalisten zu niedrigeren Preisen nach Deutschland verkaufen und so dem deutschen Kupfermonopol seine Kunden wegschnappen?

Die Monopolisten jedes Landes versuchen darum, ein Weltmonopol zustande zu bringen.
Das verderbliche System des Monopols zwingt die Monopolisten, sich den Erdball untertänig zu machen. Die ganze Erde soll zum Reich der Monopole, zu ihrem Imperium werden, und darum nennt man das Stadium des Kapitalismus, in dem die Monopole die Welt beherrschen, auch das Stadium des Imperialismus, und die Monopolisten nennt man Imperialisten. Schon früher hatten die kapitalistischen Länder Kolonien »erworben«, um Gold und Silber zu stehlen, um Handelsraub zu treiben.
Nun werden zahlreiche neue Gebiete zu Kolonien gemacht, um vor allem die Rohstoffproduktion monopolistisch zu beherrschen. In Asien und Afrika überfallen die imperialistischen Staaten friedliche Länder, machen sie zum Eigentum ihrer Monopole und behandeln die dort lebenden Menschen wie Sklaven.
Die Monopolisten reißen in den Kolonien die Bodenschätze an sich. Sie eröffnen Bergwerke, und Gold oder Kupfer, Eisenerz oder Kohle strömt ihren Werken in Europa und Amerika aus den Kolonien zu.
Der Tod durch Überarbeitung und Krankheit rast in die Reihen der Neger Afrikas, der Inder, Malayen und all der anderen Völker Asiens. Aber die Profitrate der Monopolisten steigt, und das ist das einzige, worauf es ihnen ankommt.
Ja, die Monopolisten bringen neue Produktivkräfte in die Kolonien – Bergwerke, Eisenbahnen, Spinnmaschi-

nen und manche anderen. Ja, die Monopolisten steigern die produktiven Leistungen der Menschen, die dort leben, der Neger oder Inder, die in Bergwerken oder an der Webmaschine weit mehr schaffen als zuvor.

Aber die Monopolisten entwickeln nur die Produktivkräfte, die sie selber brauchen – auf Kosten der Gesundheit und des Lebens von Hunderttausenden von Menschen in den Kolonien.

In Rhodesien zum Beispiel, das reich an Kupfer ist, wird der Kupferbergbau von den Kupfermonopolisten entwickelt. Die Menschen dort brauchen auch die Landwirtschaft, um sich zu ernähren, und Textilfabriken, um sich kleiden zu können. Die Kupfermonopolisten und die englische imperialistische Regierung, die hinter ihnen steht, wollen aber gar nicht, daß allgemein die Produktivkräfte in Rhodesien wachsen und das Leben der Menschen besser wird. Sie wollen nur große Profite für das Kupfermonopol.

Also wird alles getan, um etwa die Entwicklung von Textilproduktivkräften zu verhindern. Die Rhodesier sollen für sie Kupfer aus den Zechen holen und nicht ihre Wirtschaft nach ihren eigenen Bedürfnissen entwickeln.

So sehen wir, wie die Monopolisten mit unendlichen Opfern für die Kolonialvölker in den Kolonien Produktivkräfte entwickeln – aber nur ganz einseitig, ohne jede Rücksicht auf die Interessen der Kolonialvölker.

Da die Ausbeutung der Kolonien den Imperialisten besonders hohe Profite bringt (denn bis vor kurzem besaßen die Kolonialvölker noch keine wirksamen Kampforganisationen wie etwa die Arbeiterklasse in Europa), ist jedes imperialistische Land daran interessiert, möglichst viele Kolonien zu haben. Und so treiben sie zu Kolonialeroberungskriegen.

An der Spitze der Kriegstreiber stehen die Rüstungsmonopolisten, die am Kriege, an Waffenlieferungen, verdienen – die Krupp in Deutschland, die Vickers in England, die Schneider-Creusot in Frankreich und die Dupont in Amerika. Und als fast die ganze Welt aufgeteilt worden ist, als es keine neuen Kolonien mehr zu erobern gibt, da beginnen die Imperialisten, sich gegenseitig die Kolonien zu rauben. Sie hetzen ihre eigenen Völker in imperialistischen Kriegen aufeinander.

So kommt es zum ersten Weltkrieg.

Die deutschen Werktätigen sollen für Krupp und die anderen Monopolisten bluten, die englischen für Vickers, die französischen für Schneider-Creusot, die amerikanischen für Dupont.

»Die anderen wollen unser Land überfallen und uns alles rauben, dabei sind wir doch die Besseren, die die Welt in Ordnung bringen müssen« – so schreiben die Zeitungen, die den großen Monopolisten gehorchen, so predigen die Priester, so lehren in den Schulen die Lehrer – in Deutschland, in England, in Frankreich und Rußland. Vom Klassenstandpunkt der Monopolisten

gegen den Klassenstandpunkt der Arbeiter, gegen die Interessen der Bauern und Handwerker und aller anderen friedfertigen Werktätigen.
Und viele glauben noch die Lügen der Monopolisten, als es 1914 zum ersten Weltkrieg kommt und die Völker gegeneinander in den Krieg ziehen und aufeinander schießen. Hunderttausende und Millionen werden nun getötet und schwer verletzt, verlieren Beine und Arme und Augen – nur damit die Profite der Krupp und Vickers und all der anderen Monopolisten weiter steigen würden.
Immer länger dauert der Krieg, immer größer werden die Opfer an der Front, und zu Hause hungern die Menschen.
Viele Arbeiterführer, Leiter von Arbeiterparteien, hatten die Lehren von Marx und Engels vergessen, oder sie hatten verlernt, gegen den Krieg zu kämpfen, waren teilweise auch feige geworden und verrieten die Sache der Arbeiter. Ja, so manche ließen sich direkt durch die Monopolisten kaufen – mit Bürgermeister- oder gar Ministerposten im Staat zum Beispiel; gemeinste Verbrecher waren sie geworden.
Nur wenige Arbeiterführer jedes Landes sahen klar und traten gegen das Monopolkapital und seinen Krieg auf; in Deutschland waren es vor allem Karl Liebknecht und Rosa Luxemburg, Franz Mehring, Clara Zetkin und Wilhelm Pieck.
Lediglich in einem Lande, in Rußland, gab es eine Arbeiterpartei von großer Klarheit des Denkens und

Strenge der Tat, die Bolschewistische Partei, die Lenin seit 1903 begonnen hatte aufzubauen. Sie rief sofort und mutig, geschlossen und in aller Schärfe zum Kampf gegen den Krieg.

Das Ende der Menschheit kommt nicht

Im Laufe des Krieges mit all seinen Schrecken, mit all der Not, die er brachte, erkannten aber in allen Ländern mehr und mehr Arbeiter und auch andere Werktätige den Wahnsinn des Krieges. So manche begannen zu verstehen, daß sie nicht für das Vaterland kämpften, sondern für die Rüstungskonzerne, für die Militaristen und Monopolisten. Ihre Gedanken wandten sich gegen den Krieg, sie hörten in immer größerer Zahl auf die besten Arbeiterführer ihres Landes, auf die wahren Schüler von Marx und Engels, die jetzt auch Schüler des klügsten unter ihnen, Schüler Lenins, des größten Revolutionärs, wurden.
In Rußland, dem Lande Lenins und der Bolschewiki, handelten sie zuerst. Sie erhoben sich gegen den Krieg, und am 7. November 1917 brach die erste siegreiche sozialistische Revolution unter Führung Lenins und der Bolschewiki aus.
Zum ersten Male in der Geschichte der Menschheit kam eine breite Klasse der Ausgebeuteten, das Proletariat, an die Macht und mit ihm die Millionen Bauern und Handwerker und anderen Werktätigen. Von jetzt

ab regierten sie im Lande unter Führung der Arbeiterklasse, unter der Diktatur des Proletariats.
Eine neue Gesellschaftsordnung wurde aus dem Weltkriege geboren, die sozialistische.
Wohl wachsen auch im Imperialismus noch die Produktivkräfte. Aber im Weltkrieg werden mehr Produktivkräfte vernichtet, als alle vorangehenden Gesellschaftsordnungen geschaffen hatten.
Lenin hatte gelehrt – und auf wie schreckliche Weise hat die Geschichte seither diesem großen Marxisten recht gegeben – daß die Monopolisten, solange sie herrschen, Weltkriege vorbereiten und zu beginnen versuchen.
Eine Gesellschaftsordnung aber, die nur noch leben kann, wenn sie in jeder Generation einen Weltkrieg auslöst, die den nächsten Weltkrieg vorbereitet, wenn der vorangehende gerade aufgehört hat, eine solche Gesellschaftsordnung hat sich selbst zum Tode verurteilt. Sie lebt nur noch vom Blute der Opfer, die sie zu Millionen dahinschlachtet, um neue Eroberungen zur Steigerung der Profite zu machen.
Das ist nicht mehr nur eine Ausbeutergesellschaft. Das ist nicht mehr nur eine Gesellschaft, in der Menschen andere Menschen ihres Mehrprodukts berauben. Das ist eine Gesellschaft mit Massenmördern, mit Klassenmördern, mit Völkermördern an der Spitze.
Wenn eine solche Gesellschaft mit solchen Verbrechern an der Spitze zu lange besteht, dann bringt sie das Ende der Menschheit.

Aber dies Ende der Menschheit kann nicht kommen, denn die kapitalistische Gesellschaft entwickelt in sich gesetzmäßig die Kräfte, die eine neue Gesellschaft, die sozialistische, schaffen.
Aus der Anarchie der kapitalistischen Produktionsverhältnisse muß sich unter Führung der Arbeiterklasse die neue Gesellschaft, die Freiheit, Ordnung und Frieden unter die Menschen bringt, entwickeln.
Seit der Zeit, als die Produktivkräfte so gewachsen waren, daß die Menschen ein Mehrprodukt herstellen konnten, ist die Entwicklung zur sozialistischen Gesellschaft klar zu erkennen. Alles ist mit dem Mehrprodukt im Grunde schon gegeben: wachsender Reichtum an den materiellen Gütern des Lebens, mehr und mehr Zeit für die kulturelle und wissenschaftliche Entwicklung des Menschen, Meisterung der Natur und ihrer gewaltigen Kräfte, das Ende materieller Not und der Anfang voller Befriedigung aller materiellen und geistigen Bedürfnisse.
Eine historisch notwendige Zeit, in der eine Minderheit diesen Weg auf Kosten der Mehrheit geht, liegt zwischen dem Ende der Urgemeinschaft und dem Anfang des Sozialismus – historisch notwendig wegen der noch mangelhaften Entwicklung der Produktivkräfte.
Aber in der Gesamtgeschichte der Menschheit dauert diese Zeit nicht lange – keine 10 000 Jahre.
Furchtbare Not brachte diese Übergangszeit der Ausbeutergesellschaften über Millionen und aber Millionen Menschen. Insbesondere gegen Ende einer jeden

Ausbeutergesellschaft, gegen Ende der Sklavenhaltergesellschaft, gegen Ende der Feudalgesellschaft und vor allem gegen Ende der kapitalistischen Gesellschaft lebt die große Masse der Werktätigen unter schlimmsten Bedingungen, scheint vielen »das Ende der Menschheit« gekommen.
Aber immer zorniger rütteln Millionen Werktätige an ihren Ketten. Sie kämpfen um ihre Befreiung von dem Wahnsinn des Kapitalismus, der Not statt Wohl, der Krieg statt Frieden bringt.
Sie kämpfen um eine richtige, dem Wohle aller Menschen dienende Benutzung der Produktivkräfte.
Früher sagten Marx und Engels: Die Produktivkräfte empören sich gegen die kapitalistischen Produktionsverhältnisse, und so gibt es Wirtschaftskrisen.
Lenin zeigte, wie im Stadium des Imperialismus und der Herrschaft des Monopolkapitals die Produktivkräfte sich gegen die kapitalistischen Produktionsverhältnisse so empören, daß es nicht nur Wirtschaftskrisen, sondern sogar Weltkriege gibt.
Die Produktionsmittel dürfen nicht mehr in der Hand der Monopolisten bleiben. Sie müssen vom ganzen Volk gelenkt werden, sie müssen vergesellschaftet, sie müssen Volkseigentum werden.
Das aber können nur die Massen der Werktätigen unter Führung der Arbeiterklasse bewerkstelligen.

Im November 1917 erfolgte der erste Durchbruch. Durch die Werktätigen Rußlands wurden neue Produktionsverhältnisse geschaffen und die alten zerstört. Ein neues Kapitel in der Geschichte der Menschheit begann. In diesem neuen Kapitel müssen wir lesen, bevor wir in der Geschichte des Imperialismus fortfahren.

(Solch eine Unterbrechung des Abschnitts über den Imperialismus mag manchen Leser zuerst stören – aber er wird gleich sehen: Es ist eine großartige Unterbrechung, die die Wirklichkeit selbst gebracht hat.)

SIEBENTES KAPITEL

Die Sowjetunion – Die sozialistische Gesellschaft

Sieg über vierzehn Feinde

Sofort, vom ersten Tage der Revolution, vom 7. November 1917 an, ergriff die Macht der Arbeiter und Bauern die Maßnahmen, die den Aufbau einer sozialistischen Gesellschaft einleiten und damit die Befreiung der Produktivkräfte von ihren kapitalistischen Fesseln bringen sollten.

Die sozialistische Gesellschaft ist die erste Gesellschaft in der Geschichte der Menschheit, in der Mehrprodukt hergestellt wird, ohne daß die einen Menschen die anderen Menschen ausbeuten. Es ist ein neues Verhältnis zueinander, in dem sich die Menschen in der Produktion gegenüberstehen: daß nämlich nicht mehr die einen die anderen unterdrücken, sondern alle einander helfen.

Wie muß das Freisein von den Fesseln der Ausbeutung, wie muß solch gegenseitiges Verhältnis der Menschen untereinander ihre Produktivkraft heben!

Die Produktionsmittel sind in der sozialistischen Gesellschaft Gemeineigentum, Volkseigentum. Die Produkte, die mit diesen Produktionsmitteln produziert werden, gehören allen und werden gerecht verteilt: zuerst, solange noch nicht genug von allem produziert wird, nach der Leistung; später, wenn die sozialistische Gesellschaftsordnung in das Stadium des vollendeten Kommunismus getreten ist, wenn die Produktivkräfte so groß geworden sind, daß von allem reichlich für alle produziert wird, dann erhält jeder, was ihm Bedürfnis ist.

Muß solche Verteilung der eigenen Arbeitsprodukte nicht neue Produktivkräfte in den Menschen wecken! Die Arbeit, die in einer Ausbeutergesellschaft eine Last für die Ausgebeuteten ist, wird für die Menschen im Sozialismus ein Bedürfnis, eine Sache der Freude und Ehre.

Ist das nicht eine wahre Befreiung der Produktivkräfte des Menschen!

Befreite Menschen, ausgerüstet mit der Wissenschaft des Marxismus-Leninismus, sehen voraus und planen. Sie können als wissenschaftlich gebildete Politiker und als politisch gebildete Wissenschaftler in die Zukunft sehen und die Gegenwart so gestalten, daß sie in die immer reichere und schönere Zukunft führt. So werden sie zu wirklichen Erweckern und Lenkern aller Produktivkräfte des Landes.

Auf diesen Weg begaben sich die Menschen Rußlands am 7. November 1917 unter Führung der Bolschewiki, die von Lenin geleitet wurden.

Doch in welch furchtbarem Zustand befand sich das Land! Große Teile waren vom Krieg verwüstet, viele Fabriken standen still, Hunderttausende von Bauernhöfen verkamen, weil die Männer und die Söhne noch im Kriege standen. In manchen Gegenden herrschten noch Kapitalisten, in anderen noch Feudalherren, die sich zum Klassenkampf gegen die Revolution verschworen.

In Moskau und Petrograd (wie Leningrad damals hieß) waren die Kapitalisten geschlagen, aber ihre Macht war noch nicht vernichtet.

An den Fronten wurde gegen deutsche und österreichungarische Truppen gekämpft. Der Krieg wütete weiter.

Am zweiten Tage der Revolution, am 8. November, sandte die neue Regierung der Arbeiter und Bauern einen Appell hinaus in die Welt: den Aufruf, Frieden zu schließen.

Viele Soldaten in der deutschen und österreichisch-ungarischen Armee hörten auf zu schießen, kamen heraus aus den Schützengräben, um mit den russischen Soldaten brüderlich zu sprechen. Viele aber schossen weiter, drangen tiefer nach Rußland hinein.

Schließlich kam es zu einem Frieden zwischen Deutschland und Österreich-Ungarn auf der einen Seite und Rußland auf der anderen. Die deutschen Militaristen und Monopolisten hatten nämlich Angst vor weiteren Aussprachen zwischen deutschen und russischen Soldaten; sie fürchteten, daß es auch in Deutschland zu einer Revolution kommen könnte. Auch standen sie ja noch im Kampf mit den Truppen Englands, Frankreichs, Amerikas und anderer Länder, der für sie immer schwieriger wurde.

Deutschland wurde von diesen Ländern besiegt, und es kam auch in Deutschland zu einer Revolution. Der deutschen Arbeiterklasse aber fehlte damals, am 9. November 1918, eine Partei, wie sie Lenin seit 1903 aufgebaut hatte. Und so konnten die Kapitalisten sich halten, konnten mit Hilfe verräterischer Arbeiterführer die Massen der Werktätigen verwirren, ihnen einreden, sie selber, die Kapitalisten, würden dafür sorgen, daß es den Massen besser ginge.

So konnten sie verhindern, daß es zu einer wahren Revolution unter Führung der Arbeiterklasse, zu einer Zerschlagung der kapitalistischen und zur Errichtung der sozialistischen Gesellschaft in Deutschland kam.

Dabei halfen ihnen ihre Feinde von gestern, die Monopolisten der USA, Englands und Frankreichs, die ebenfalls Furcht hatten vor einer sozialistischen Revolution in Deutschland. Denn wenn es auch in Deutschland zu einer Zerstörung des kapitalistischen Systems kam, welcher Monopolist war dann noch sicher?

Sie halfen aber nicht nur ihren Feinden von gestern, den Monopolisten Deutschlands, gegen die deutsche Arbeiterklasse. Sie begannen einen Krieg gegen Sowjetrußland.

England, Frankreich, Amerika, Japan, Kanada – im ganzen vierzehn Länder – sandten Truppen gegen die Macht der Arbeiter und Bauern.

Das russische Volk hatte am 7. November 1917 die große Losung: Frieden und sozialistischer Aufbau.

Aber die Feinde, die Monopolisten, ließen das nicht

zu. Ihre Losung war: Krieg und Tod dem Sozialismus. Furchtbar waren die Leiden der ersten Erbauer einer sozialistischen Gesellschaft. Schlecht bewaffnet, weil die russischen Kapitalisten die Fabriken unzulänglich ausgerüstet hatten; schlecht ernährt, weil große Teile des Landes vom Feinde besetzt waren und viele Männer an der Front standen, so daß die Ernten immer kleiner und magerer wurden; schlecht gekleidet, weil die Textilfabriken stillstanden wegen Kohlenmangel – die Kapitalisten hatten durch Sabotage viele Schächte zerstört, und es fehlte an Bergarbeitern – so mußten die Arbeiter und Bauern Rußlands ihr neues sozialistisches Vaterland verteidigen.

Unendlich groß waren die Opfer, die die Menschen Sowjetrußlands in diesem Krieg von 1918 bis 1922 bringen mußten. Aber sie brachten diese Opfer nicht irgendwelchen Herren, die sie ausbeuteten. Sie brachten diese Opfer der Sache des Sozialismus, dem Vaterland, das wirklich ihr Vaterland war, weil es ihnen gehörte, weil sie dort diejenigen waren, die zu bestimmen hatten. Und indem sie für den Sozialismus kämpften, kämpften sie für die Zukunft der ganzen Menschheit.

Jeder von uns heute, der in einer sozialistischen Gesellschaftsordnung lebt, auch ihr, die ihr diese Zeilen lest, jeder Arbeiter auch in den kapitalistischen Ländern, wir alle, die wir die Imperialisten hassen, die wir gegen ihre Kriegsgelüste und für die Erhaltung des Friedens kämpfen, sicher des Sieges unserer Sache,

haben nicht nur die Lehren von Marx und Engels und Lenin in uns aufgenommen, sondern täglich, seit 1917, haben wir das Beispiel der Sowjetunion vor uns, an unserer Seite.
Wir alle, die jüngsten wie die ältesten unter uns, Kinder der Arbeiterklasse, von Bauern und Handwerkern oder aus der Intelligenz kommend, wir alle gedenken voll tiefer Dankbarkeit und mit größter Bewunderung jener Heroen, jener Heere von Helden Sowjetrußlands, die in den Jahren von 1918 bis 1922 gegen vierzehn fremde Mächte kämpften und sie besiegten.

Ein schwerer Aufbau

1922 waren die Feinde besiegt, das Land befreit, und die Menschen begannen aufzuatmen. Jetzt galt es, in dem vom Krieg verwüsteten Land die Wirtschaft, eine starke sozialistische Wirtschaft, aufzubauen.
Die Monopolisten lachten, die Presse der imperialistischen Länder höhnte, verräterische sozialdemokratische Arbeiterführer in den kapitalistischen Ländern redeten verachtungsvoll und verleumderisch.
Die Russen, sagten sie, sind asiatische Barbaren. In ihrem Land, in dem nicht einmal die Kapitalisten eine vernünftige Wirtschaft hatten aufbauen können und die Produktivkraft schon 1914 weit zurückstand hinter England und Amerika, Deutschland und Frankreich, Holland und Belgien, Schweden und Norwegen und

vielen anderen Ländern – in diesem Land wollen ungebildete Arbeiter und rohe Bauern die Wirtschaft in Gang bringen? Das ist unmöglich, und deshalb wird ihre ganze Sowjetmacht sehr bald zusammenbrechen. Helfen wir ein wenig nach durch Agenten und Spione, und außerdem lassen wir sie einfach hungern, indem wir ihnen keine Waren schicken!

Aber wie anders kam es!

Riesige Strecken Landes waren 1917 den Großgrundbesitzern weggenommen und unter die Bauern verteilt worden. Neue Produktionsverhältnisse waren geschaffen worden. Jetzt, da Frieden herrschte, gingen die Bauern mit aller Kraft an die Bearbeitung des Landes, an die Entwicklung der ländlichen Produktivkräfte.

Seit Jahren war nur Unkraut auf vielen Äckern gewachsen, seit Jahren war nicht gedüngt worden. Die Pflüge hatten Rost angesetzt. Pferde und Vieh waren abgeschlachtet worden. Dünn klang das Gackern der Hühner und Schnattern der Enten, weil es nur so wenige waren, und die wenigen waren mager, weil es an Futter mangelte.

Die Bauern aber, die sich seit Jahrhunderten danach gesehnt hatten, endlich ausreichend Boden zu haben, dessen Mehrprodukt ihnen nicht von Steuern und anderen Abgaben weggefressen wurde, die endlich einmal arbeiten wollten, ohne die Knute des Gutsherrn hinter sich zu spüren – diese Bauern sahen die alten Wünsche ihrer Väter und Vorväter erfüllt, erfüllt durch die Revolution.

Die siegerfüllten, freien Bauern gingen freudig an die Arbeit. Sie jäteten und düngten, sie hämmerten und zimmerten, sie säten und sie ernteten.
Noch ernteten sie nicht viel im Jahre 1923, aber mehr als zuvor. Und wieder mehr im folgenden Jahr. Die Landwirtschaft blühte auf. Die Nahrung des Sowjetvolkes wurde reicher, weniger Kinder starben, älter wurden die Menschen, und die Produktivkraft des Landes wuchs.
Noch bevor die zwanziger Jahre zu Ende gegangen, hatten die Bauern und Arbeiter mehr zu essen als unter dem Zaren.
Schwieriger war der Aufbau in der Industrie. Einen Pflug zurechtzumachen ist viel leichter, als eine zerbrochene Maschine zu reparieren, deren Technik man nicht beherrscht. Und wieviel schwerer erst ist es, neue Maschinen zu bauen und gar bessere als die alten.
Wie in allen kapitalistischen Ländern gab es auch im zaristischen Rußland Ingenieure. Sehr gute sogar. Aber ihre Zahl war klein, und von diesen wenigen waren noch manche feindlich gegen die Sowjetmacht eingestellt, hofften auf einen Sieg der Kapitalisten, waren Klassenfeinde.
Manche Industrien Englands, Frankreichs und anderer Länder gab es im alten Rußland noch gar nicht, zum Beispiel die Autoindustrie. Manche waren nur ganz schwach entwickelt, zum Beispiel die chemische Industrie. Manche Betriebe verwandten Maschinen, die

schon seit fünfzig Jahren und noch länger benutzt waren, die daher nur noch schlecht arbeiteten und überdies ganz unmodern waren.
Es herrschte auch bitterer Mangel an Arbeitern mit Erfahrung in der Industrieproduktion.
So niedrig war der Stand der Produktivkraft, verglichen mit dem der kapitalistischen Länder!
Doch schon 1926 hatte die Sowjetunion in der Industrieproduktion wieder den Stand von 1913 erreicht! Eine gewaltige Leistung bei den vielen, vielen Schwierigkeiten.
Und doch – was bedeutete: Stand von 1913? 1913 war Rußland industriell weit hinter den meisten kapitalistischen Ländern zurückgewesen, und in der Zeit von 1913 bis 1926 wurde die Technik in den kapitalistischen Ländern weiterentwickelt.
Ein sozialistisches Land aber muß über die beste, fortgeschrittenste Industrie verfügen, denn Sozialismus heißt Höchststand der Technik, weil die sozialistische Gesellschaft die schnellste Entwicklung der Produktivkräfte ermöglicht.
Ja, die großen Ziele des Sozialismus lassen sich nur verwirklichen und voll durchsetzen, wenn die Produktivkräfte schnell entwickelt werden.
Auf Lenins Weisung und unter seiner Anleitung war bereits im Jahre 1920 ein Plan für die Elektrifizierung des Landes entstanden.
Jetzt setzte sich die Partei der Bolschewiki energisch für die gesamte Industrialisierung des Landes ein.

Mit aller Klarheit erkannte sie, daß die Produktivkräfte des Kapitalismus überflügelt werden mußten und die neuen Produktionsverhältnisse auch die Möglichkeit dazu gaben.
Das hieß:
mehr Maschinen bauen,
die Menschen lehren, die Maschinen zu handhaben,
den Wettbewerb unter den Arbeitern organisieren für größere Mengen und höhere Qualität der Produktion,
die Arbeiter ermutigen, von sich aus über die Verbesserung der Produktion nachzudenken, Vorschläge zur Verbesserung der Organisation der Arbeit und vor allem technische Verbesserungsvorschläge zu machen.
Das hieß auch, die Produktivkräfte zum tätigen Leben zu erwecken, die seit Jahrtausenden schlummerten. Wie reich war das Sowjetland an Bodenschätzen, die ungenutzt waren, wie reich an ungebrauchter Wasserkraft, aus der sich die so notwendige Elektrizität gewinnen ließ.
Tausenderlei Produktivkräfte galt es wirksam zu entwickeln, damit eine sozialistische Gesellschaft geschaffen werden konnte.

Von den Gesetzen der Geschichte

Wir haben gesehen, wie im Kapitalismus die Produktivkräfte unter Leitung der Bourgeoisie zuerst einen enormen Aufschwung nahmen, wie ihre Entwicklung

später jedoch gehemmt und wie ihre Entfaltung immer gestört wird durch die dem Kapitalismus innewohnenden Widersprüche.
Zum Beispiel zwingt der Konkurrenzkampf die Kapitalisten dazu, die Produktivkräfte zu entwickeln, um möglichst viel zu produzieren und zu verkaufen.
Durch die schnelle Steigerung der Produktion und die Anhäufung von unverkäuflich werdenden Produkten kommt es dann aber zu Überproduktionskrisen, in denen Produktivkräfte vernichtet werden.
Und weiter: Die freie Konkurrenz mit ihrer Produktionssteigerung und dem Wachstum der Betriebe führt im Laufe der Zeit zur Monopolbildung und damit zu einer Hemmung der Entwicklung der Produktivkräfte.
Und schließlich führt die Monopolbildung zu Weltkriegen, zum Völkermord, zur Massenvernichtung von Produktivkräften im Weltmaßstab.

Die widersprüchliche Entwicklung: Aufschwung der Produktivkräfte in einer neuen Gesellschaftsordnung, dann Hemmung der Produktivkräfte und innere Zersetzung der Gesellschaftsordnung, wenn neue Verhältnisse herangereift sind – konnten wir in jeder Ausbeutergesellschaft beobachten.
Zugleich aber konnten wir auch feststellen, daß in jeder neuen Gesellschaftsordnung die Produktivkräfte die der vorhergehenden übertrafen.
Wir erkennen also, daß die Menschheit sich stetig höher entwickelt hat. Und diese Höherentwicklung hat

sich mit elementarer Gewalt durchgesetzt, ohne daß die Menschen das schon wissenschaftlich verstanden und darum auch ohne das bewußte Wollen, ja, sogar bisweilen gegen den Willen der Menschen. (Denn nie wollte eine alte herrschende Klasse ihre Macht freiwillig an die folgende herrschende Klasse abtreten.)

Das ist eine große wissenschaftliche Entdeckung, die Marx und Engels beim Studium, bei der wissenschaftlichen Erforschung der Geschichte der Menschheit machten.

Sie stellten fest, daß sich die Entwicklung der menschlichen Gesellschaft nach bestimmten Gesetzen, gesetzmäßig, vom Niederen zum Höheren vollzieht – nach gesellschaftlichen Gesetzen, die ähnlich wie in der Natur die Naturgesetze wirken.

Ähnlich wie die Naturwissenschaften den Menschen die Möglichkeit geben, die Natur zu erforschen und sich untertänig zu machen, geben nun die von Marx und Engels begründeten Gesellschaftswissenschaften den Menschen die Möglichkeit, die in der Gesellschaft wirkenden Gesetzmäßigkeiten zu erkennen, sie anzuwenden, ihnen entsprechend zu handeln und die Gesellschaft zum Wohle aller aufzubauen.

Damit sind zum ersten Male die Menschen in die Lage versetzt, ihre Geschichte bewußt zu lenken.

Nur die Arbeiterklasse jedoch und die mit ihr verbündeten Werktätigen, die nicht an Ausbeutung interessiert sind, können die Gesellschaftswissenschaften meistern und anwenden, weil nur sie heute am gesell-

schaftlichen Fortschritt, an der Beseitigung der Ausbeutung, an der Befreiung der Produktivkräfte – also am wirklichen Wissen um all diese Prozesse – interessiert sind.
Die Monopolisten dagegen, und alle die, die auf ihrer Seite stehen, sind an der Erhaltung des Alten und Morschen interessiert und wehren sich mit aller Kraft gegen die Erkenntnis der Geschichte, die gesetzmäßig ihr Ende bringt.

Die befreite Produktivkraft Mensch

Marx und Engels und Lenin hatten gelehrt, daß die wichtigste Produktivkraft der Mensch ist. Und so wandten die Bolschewiki diese Erkenntnis der Gesellschaftswissenschaften sofort bei der Entwicklung der Produktivkräfte an.
Das zaristische Rußland war das zurückgebliebenste kapitalistische Land Europas gewesen, mit vielen Arbeitern und Millionen von Bauern, die nicht lesen und schreiben konnten. Höhnisch sagten die reichen Gutsbesitzer damals: »Auf unseren Feldern geht ein Ochse vor dem Pflug und ein Ochse hinter dem Pflug.«
Konnte man mit einem Volk, in dem die übergroße Mehrheit Analphabeten waren, eine moderne sozialistische Industrie aufbauen? Natürlich nicht!
Und so durchströmte eine große Welle des Lernens das Sowjetland. Nicht nur in den Schulen, deren Zahl

ständig wuchs, sondern in jeder Fabrik, in jedem Bauernhof wurde gelernt. Mit jedem Buchstaben, den sie schreiben lernten, mit jedem Satz, den sie lesen lernten, stieg die Produktivkraft des Sowjetmenschen.
Aber nicht nur lesen und schreiben wurden gelernt. Die freien Sowjetmenschen lernten, nach Zeichnungen komplizierte Maschinen bauen, sie lernten die Technik meistern und Fabriken leiten. Sie studierten alle Wissenschaften, lernten die Wirtschaft lenken, den Staat mitregieren, eben eine neue Gesellschaft aufbauen.
Dadurch, daß das in allen früheren Gesellschaftsordnungen herrschende Bildungsvorrecht der Reichen beseitigt wurde und alle arbeitenden Menschen und deren Kinder gleiches Recht auf Bildung erhielten, strömten dem Sowjetland ungeahnte neue Produktivkräfte zu.

Von ganz gewaltiger gesellschaftlicher Bedeutung war auch die Befreiung der Produktivkräfte der Frau durch ihre gesellschaftliche Befreiung überhaupt.
Seit dem Übergang der Urgemeinschaft zur Sklavenhaltergesellschaft ist die Frau vom Manne unterdrückt worden. Gesellschaftlich wurde sie als ein zweitklassiges Wesen betrachtet, das »ungeeignet für alle wichtigen Dinge« ist, wie leitende Tätigkeit in Staat und Wirtschaft und für die Wissenschaft.
In der Schweiz sind heute noch Frauen nicht stimmberechtigt bei Parlamentswahlen; in England dürfen sie nicht ohne Erlaubnis des Mannes mit ihren Kindern

außer Landes reisen; in vielen Ländern dürfen sie kein eigenes Bankkonto haben.
Überall in der kapitalistischen Welt sind die Frauen, selbst wenn sie Besseres leisten, schlechter bezahlt als die Männer. Und so konnten in den letzten 5000 Jahren die Frauen ihre Fähigkeiten nicht entwickeln, ihre Produktivkräfte nicht entfalten.
Die große entscheidende Wandlung kam in der Sowjetunion. Mit der Befreiung der Frau, mit der Verwirklichung ihrer Gleichberechtigung strömten neue große Produktivkräfte dem ersten sozialistischen Lande zu. Tüchtige gelernte Arbeiter, Meister, Ingenieure, Pioniere des technischen Fortschritts, Wissenschaftler des Maschinenbaues, der Chemie und zahlreicher anderer mit der Produktion verbundener Zweige kamen aus den Reihen der Frauen.

Sozialistische Planung – sozialistischer Aufbau

Von entscheidender Bedeutung für die volle Entfaltung der Produktivkräfte ist die Planung der sozialistischen Wirtschaft.
In der kapitalistischen Gesellschaft wird die Produktion beherrscht und gelenkt vom Profitstreben der Kapitalisten. Ihr Kapital stecken sie jeweils in diejenige Industrie, die ihnen die höchsten Profite verspricht. Dort weiten sie die Produktion aus – bis Überproduktion, Krise, Vernichtung von Produktivkräften folgen.

Im Kapitalismus herrscht Anarchie. Ein Kapitalist arbeitet gegen den anderen, ein Monopol kämpft gegen das andere, und alle beuten die Arbeiter, plündern die Werktätigen aus. Die Produktivkraft Kohle wird gegen die Produktivkraft Öl eingesetzt. In den Kolonien werden zahlreiche Produktivkräfte gar nicht entwickelt. Die Produktivkraft Atomenergie soll im Krieg zur Zerstörung aller Produktivkräfte verwandt werden.

Millionen Produktivkräfte, die in den Werktätigen schlummern, sind zu dauernder Unterdrückung verdammt.

Im Sozialismus sind die Produktivkräfte von ihren Fesseln befreit, und durch die Planung werden sie so gelenkt, daß sie sich gegenseitig unterstützen und jede für sich prächtig blüht und gedeiht. Die Planung sichert ein geordnetes Wachstum und eine richtige, dem Wohl des ganzen Volkes dienende Verwendung der Produktivkräfte.

Das Privateigentum an Produktionsmitteln, die Jagd nach dem Profit trennt die Wirtschaftszweige eines Landes je nach den Interessen der einzelnen Kapitalisten.

Das gesellschaftliche Eigentum an Produktionsmitteln dagegen ermöglicht es, die Volkswirtschaft als ein einheitliches Ganzes im Interesse aller zu planen, die einzelnen Wirtschaftszweige zu koordinieren, das heißt, miteinander abzustimmen.

Machen wir uns das an einem Beispiel klar. Eine Industrie braucht für ihre Produktion Kupfer. Reiche

Kupfervorräte liegen in einer Gegend unberührt unter der Erde; man müßte viel Geld aufbringen, um die Kupferförderung dort in Gang zu bringen.
Der Kapitalist rechnet so: Lohnt es sich für mich, Kapital dafür herzugeben, da doch anderswo schon Kupfer gefördert wird und vielleicht in einiger Zeit wieder Überproduktion an Kupfer herrscht? Werde ich, der Kapitalist, viel und schnell dabei gewinnen?
Wenn es ihm nicht lohnenswert erscheint, dann wird er die Kupferschätze dieser Gegend nicht heben, wenn auch deswegen zeitweilig Kupferknappheit herrscht.
Der sozialistische Staat rechnet auch – aber so: Braucht die Wirtschaft, die für das Wohl aller arbeitet, mehr Kupfer? Wird die Kupfergrube in einigen Jahren genügend Kupfer liefern können? Wenn ja, dann wird der sozialistische Staat im Interesse aller das Kupfer aus der Erde holen.

Die Planung im Sozialismus stellt auch die richtigen Proportionen, das richtige Verhältnis der einzelnen Wirtschaftszweige zueinander in der ganzen Volkswirtschaft her.
Das ist von sehr großer Bedeutung. Denn mit der Lösung dieser gar nicht leichten Planungsaufgabe werden auch die Krisen in einzelnen Industrien, die die kapitalistische Wirtschaft immer wieder heimsuchen, beseitigt.
Erst die Planung im Sozialismus ermöglicht es auch, alle Errungenschaften der modernsten Technik voll an-

zuwenden. Nicht die Frage des Kapitalisten, ob jeweils Hand- oder Maschinenarbeit, ob die Anschaffung einer neuen oder die Benutzung der alten Maschine ihm mehr Profit abwirft, wird gestellt, sondern einzig und allein die Erfordernisse der Entwicklung der Produktivkräfte zum Wohle des Volkes sind maßgebend.

Daher entwickeln sich die Produktivkräfte in der sozialistischen Planung stetig und schnell und ohne Widersprüche.

Dieses geordnete Wachstum der ganzen Wirtschaft, die Beseitigung aller Arten von Krisen, die Befreiung der Menschen von der Furcht vor Arbeitslosigkeit – das alles wird zu einem Quell der Arbeitsfreude, der schöpferischen Schaffenskraft der Menschen, die wächst wie nie zuvor.

Mußten sich doch die Arbeiter früher davor hüten, Verbesserungen für die Arbeit vorzuschlagen oder Erfindungen zu machen. Denn wenn dadurch Arbeitskräfte eingespart wurden, wurden sie oft selbst eingespart, wurden sie arbeitslos. Und die Vorteile der Verbesserung der Produktion kamen in erster Linie den Kapitalisten zugute, erhöhten ihren Profit. Um ihrer Weiterbeschäftigung willen hatten die Arbeiter also ein gewisses Interesse daran, daß die Produktivkräfte nicht zu schnell entwickelt wurden.

Je mehr die Menschen in der Sowjetunion sich aber selbst davon überzeugen konnten, daß die sozialistische Planung im Interesse aller ist, desto stärker beteiligten sich Arbeiter, Techniker, Wissenschaftler an der

Planung, desto mehr Verbesserungsvorschläge wurden gemacht, desto mehr wuchs ihre Produktivkraft. Die Befreiung der Produktivkraft Mensch wirkte sich schnell aus. Es begann schon mit den »kommunistischen Subbotniks«, der freiwilligen Arbeit in der arbeitsfreien Zeit, als es darum ging, die Kraft des Landes im Kampf gegen die Feinde der Revolution zu stärken.

Damals schrieb Lenin in seiner berühmten Broschüre »Die Große Initiative«: »Die ›kommunistischen Subbotniks‹ sind gerade deshalb von gewaltiger historischer Bedeutung, weil sie uns die bewußte und freiwillige Initiative der Arbeiter bei der Entwicklung der Arbeitsproduktivität, beim Übergang zu einer neuen Arbeitsdisziplin, bei der Schaffung sozialistischer Wirtschafts- und Lebensbedingungen zeigen.«

Seitdem hat der freie Mensch der sozialistischen Gesellschaft immer neue Mittel und Wege gesucht und gefunden, um über das durch die Technik gegebene Niveau hinaus seine Produktivkraft zu entwickeln. Vom »kommunistischen Subbotnik« des Jahres 1919 über die Stachanow-Bewegung und den sozialistischen Wettbewerb bis zu den Brigaden sozialistischer Arbeit in unseren Tagen und in unserer Republik – das ist ein zeitlich kurzer Weg, doch in der Entfaltung der Produktivkraft Mensch eine gewaltige Strecke!

Im Jahre 1928 begann in der Sowjetunion der erste langfristige Plan, der erste Fünfjahrplan. Dieser Plan war ein wissenschaftliches Werk des gesamten Sowjetvolkes, an dessen Aufstellung sich unter Führung der Partei der Bolschewiki nicht nur Planwissenschaftler, sondern Tausende von Betrieben mit Millionen von Arbeitern beteiligt hatten.

Wieder, wie zehn Jahre zuvor, als die Sowjetmenschen die ersten Schritte auf dem Weg in eine neue Zukunft der Menschheit taten, grölte in den kapitalistischen Ländern der Chor der Militaristen und Monopolisten, der Wissenschaftler an den Universitäten und der Journalisten in der Presse: Einen Plan haben sie – als ob man planvoll wirtschaften könnte, und noch dazu ohne Kapitalisten, ohne unsere Techniker! Und was für Zahlen haben sie in diesem Plan! Eine Produktion soll um 50 Prozent steigen, eine andere gar um 100 Prozent. So dumm können doch auch die Russen nicht sein, daß sie an einen solchen Plan glauben.

Aber die Sowjetmenschen wußten, daß sie ihren Plan erfüllen würden. Waren sie nicht freie Menschen, denen ihre Produktionsmittel, die Fabriken, die Maschinen, die Schätze des Bodens gehörten! War es nicht ihr eigenes Leben, das durch ihre Arbeit reicher und besser wurde!

Und so rüsteten sie zu neuen Taten, und die Produktion der Industrie stieg von Jahr zu Jahr.

Gleichzeitig begannen große Veränderungen in der Landwirtschaft.

Die Bauern taten ihre Produktivkräfte – das Land und das Vieh, die Gebäude und die Pflüge und vor allem ihre eigene Arbeitskraft – zusammen. Sie bildeten Kolchose, landwirtschaftliche Produktionsgenossenschaften, wie wir sie nennen. Aus Einzelbauern wurden Kollektivbauern. Aus dem Privateigentum an Produktionsmitteln wurde Kollektiveigentum, genossenschaftliches, sozialistisches Eigentum. Sie gingen, wie wir heute sagen, den Weg vom Ich zum Wir auch in der Produktion.

Und solchem sozialistischem Eigentum entsprachen neue Produktivkräfte. Der Traktor, der große Flächen bearbeitet, die Kombine und andere moderne Produktionsmittel hielten ihren Einzug in die Landwirtschaft. Die Landwirtschaft wurde mechanisiert.

Und mit dieser Veränderung in den Produktions- und Eigentumsverhältnissen in der Landwirtschaft wurde der Aufbau der sozialistischen Gesellschaft noch stärker gesichert, noch fester fundiert.

Der erste Fünfjahrplan wurde übererfüllt, und ein zweiter wurde beschlossen. Wieder sollte die Produktion gewaltig heraufgehen, wieder um 50 Prozent in dieser und um 100 Prozent in jener Industrie.

Wiederum höhnten die Imperialisten und ihre Schreiberlinge – aber nicht mehr so laut. Manche Monopolisten bekamen Angst vor den wirtschaftlichen Erfolgen der Sowjetunion. Andere begannen Handel mit ihr zu treiben.

Die Sowjetunion war daran interessiert, mit allen Ländern der Welt zu handeln. Sie verkaufte, wovon sie ausreichend produzierte, und kaufte, wessen sie bedurfte. Immer zahlte sie pünktlich. Die Achtung vor ihren Leistungen begann neben die Angst zu treten. Und es kam der dritte Fünfjahrplan.

So gewaltig war die Produktion der Sowjetunion bis 1939 gestiegen, daß sie alle Länder Europas eingeholt und überholt hatte. Nur die Vereinigten Staaten von Amerika produzierten noch mehr. Die Sowjetunion war in wenig mehr als zehn Jahren nach der Rekonstruktion der Industrie, wenig mehr als ein Jahrzehnt, nachdem sie den bescheidenen, ja kümmerlichen Stand von 1913 wieder erreicht hatte, zur zweitgrößten Industriemacht der Welt geworden. In Kürze würde sie auch die Vereinigten Staaten von Amerika einholen.

Wie hatte sich dabei das Leben der Menschen gebessert! Welch hohen Stand hatte die Kultur des Landes erreicht! Nicht nur, daß alle jetzt lesen und schreiben konnten – vor 1914 kaum ein Bauer und nicht viele Arbeiter. Die Theater, die Kinos, die Universitäten und andere Hoch- und Fachschulen waren überfüllt. Die Schulen lehrten die Kinder, wie man ein schönes sozialistisches Leben aufbaut. Die Sowjetmenschen sahen voll Freude in die Zukunft. Es konnte nur besser werden, nur reicher und glücklicher konnte sich ihr Leben gestalten, nur froher konnten sie werden – wenn es gelang, den Frieden zu erhalten.

Die Weltwirtschaftskrise

Der erste Weltkrieg hatte mit dem Sieg Englands, Frankreichs und der Vereinigten Staaten über Deutschland geendet. Aber was war das für ein Sieg gewesen? Gleich nach Kriegsschluß kamen die Siegermonopole voller Angst vor einer sozialistischen Revolution in Deutschland den deutschen Monopolen gegen die deutsche Arbeiterklasse zu Hilfe.

Und dann die Existenz der Sowjetunion! Mochten die Monopolisten untereinander soviel übereinander gesiegt haben, wie sie wollten. Sie alle zusammen, der Weltkapitalismus, der Weltimperialismus hatte diesen Krieg verloren, denn die Arbeiter hatten den größten Sieg errungen: In einem Lande war die sozialistische Gesellschaft errichtet worden – ein dauerndes Mahnmal ihres Todes für die kapitalistische Gesellschaft, ein stetes Mahnmal für die Arbeiter aller Länder, daß ihr Kampf gegen die Monopolisten zum Sieg führen werde.

Vor dem Kriege war England die führende Macht unter den kapitalistischen Ländern gewesen, nach dem Kriege waren es die Vereinigten Staaten von Amerika. Viele Jahre dauerte es, bis England und Frankreich und Deutschland in ihrer Produktion wieder den Stand von

1913 erreichten und ein wenig darüber hinausgingen, während in den USA die Produktion stark gestiegen war. Die USA waren vom Kriege kaum geschädigt worden – außer daß sie jahrelang sinnlos Waren produziert hatten, die in die Luft geschossen wurden, mit denen man nichts anderes anfangen konnte, als Menschen zu töten.

Das trug wohl dazu bei, die Profite der amerikanischen Rüstungsfabrikanten zu erhöhen, aber es steigerte nicht die Produktivkräfte des Landes.

Zehn Jahre nach Beendigung des Krieges waren alle Monopole stärker und mächtiger geworden, als sie 1913 gewesen waren – vor allem, weil sie im Innern ihrer Länder Tausende von größeren und mittleren kapitalistischen Betrieben aufgesogen, gefressen, vernichtet hatten.

Aber im Weltmaßstab standen sich wieder, wie zuvor, Krupp und Vickers, Schneider-Creusot und Dupont gegenüber, voll Haß und Sucht, den anderen zu schlagen, und doch zugleich verbündet gegen die Sowjetunion, die sie vernichten wollten. Verbündet auch gegen die kommunistischen Parteien in den kapitalistischen Ländern, die die Arbeiterklasse im Kampf gegen Ausbeutung und Not zur Revolution gegen das kapitalistische System führten.

Da brach 1929 die große Wirtschaftskrise aus.

Immer hatte es, wie wir schon wissen, solche Überproduktionskrisen gegeben – seit 1825.

Überproduktionskrisen nennt man sie, weil die Kapitalisten in ihrer Profitgier mehr produzieren, als sie verkaufen können. Schließlich häufen sich die unverkauften Vorräte oder Lager an Kohle und Eisen, Wollkleidern und Schuhen und vielen anderen Waren so, daß die Kapitalisten die Produktion einschränken, weil einfach kein Lagerplatz mehr da ist, oder weil wegen des Nichtverkaufs von Kohle, Nähmaschinen usw. nicht genügend Geld für die Weiterproduktion eingekommen ist.

Wenn aber weniger produziert wird, entlassen die Kapitalisten die Arbeiter, die dann, da sie nicht verdienen, sondern nur ein wenig Unterstützung bekommen, noch weniger kaufen können.

Dadurch werden die Lager in manchen Industrien noch größer, und noch mehr Arbeiter werden entlassen.

Schließlich, nach drei Jahren Krise, gab es im Jahre 1932 rund 15 Millionen Arbeitslose in den USA, etwa 8 Millionen Arbeitslose in Deutschland, und ähnlich stand es in anderen Ländern.

Viele, viele Millionen Menschen mußten hungern. Die Betriebe arbeiteten nur noch halb, oder die Maschinen standen sogar ganz still. Die Ernten waren gut, aber nur ein geringer Teil wurde verkauft, weil die Arbeitslosen kaum Geld hatten.

Man überlege sich: Millionen Menschen hatten Hunger, aber das gelagerte Getreide faulte, weil keine Käufer da waren; Kaffee wurde verheizt oder ins Meer geworfen, weil man nur die Hälfte der Ernte oder noch weniger auf dem Markt los wurde. Die Menschen gingen schlecht und schlechter gekleidet. Millionen Arme sehnten sich nach Arbeit, aber Hunderttausende von Maschinen standen still, wurden eingeölt wie Museumsstücke, um sie zu erhalten, oder rosteten – niemand benutzte sie.

Welch Wahnsinn war in der kapitalistischen Welt ausgebrochen!

Viele Menschen verzweifelten, töteten ihre Kinder, weil sie ihre Not nicht mehr mitansehen konnten, und begingen dann Selbstmord.

Viele Menschen begannen aber auch, ernster nachzudenken und sich in der Welt umzusehen.

Und da sahen sie die Sowjetunion. Ein Land, in dem es keine Krise gab, in dem die Produktion von Jahr zu Jahr stieg, in dem die Menschen sich, wie es doch nur natürlich ist, über die steigende Produktion freuten.

Besonders in Deutschland begriffen viele Arbeiter, die vorher nicht so klar gesehen hatten, warum die Monopolisten und ihre Helfershelfer Lügen und Verleumdungen über den ersten Arbeiter-und-Bauern-Staat verbreiteten – besonders in Deutschland, wo (außerhalb der Sowjetunion) die stärkste Kommunistische Partei unter Führung Ernst Thälmanns die Massen aufklärte – besonders in Deutschland, wohin die wirtschaftlich starke Sowjetunion Aufträge für Milliarden Mark gab, die Hunderttausenden Arbeitern Beschäftigung und Brot sicherten.

Deutschland, das von den großen imperialistischen Ländern der Sowjetunion am nächsten lag, sollte ja

nach dem Willen der Kriegshetzer und Monopolisten der ganzen Welt den ersten Angriff auf die Sowjetunion führen.
Die Arbeiter begriffen, daß das kapitalistische System an ihrem Elend schuld war. Sie begriffen, daß nur die Kommunistische Partei wirklich die Interessen der Arbeiterklasse vertrat, daß nur sie für den Sturz des Kapitalismus und für die Errichtung einer Arbeitermacht kämpfte. Immer mehr Arbeiter strömten daher zur Kommunistischen Partei, immer mehr gaben ihr bei den Wahlen ihre Stimme.
Die Kommunistische Partei, die so zu einer starken Kraft geworden war, wandte sich mehrfach an die Sozialdemokratische Partei mit dem Vorschlag, die unselige Spaltung der Arbeiterklasse zu überwinden und zusammen für die gemeinsamen Ziele zu kämpfen. Aber sozialdemokratische Führer, die schon den ersten Weltkrieg auf der Seite der Monopolisten mitgemacht hatten, hatten hohe Regierungsstellen in diesem Staat der Monopole – sie hatten kein Interesse daran, für den Sturz dieses Staates zu kämpfen.
Viele sozialdemokratische Arbeiter verlangten von ihrer Führung gemeinsame Aktionen mit den Kommunisten. Wie lange würde es dauern, und sie würden ihrer verräterischen Führung endgültig den Rücken kehren ...

Faschismus und Krieg

Die deutschen Monopolisten erkannten, welche Gefahr ihnen von den Kommunisten drohte. Die ließen sich nicht kaufen, die ließen sich nicht bestechen, die kämpften auf Leben und Tod für die Rechte der Arbeiterklasse.

Da schufen die Monopolisten sich eine besondere Partei, eine Partei, die so tat, als ob sie die Partei der »kleinen Leute« sei, die Nazipartei. Die Aufgabe dieser Partei war es, einmal den notleidenden Menschen alle möglichen Versprechungen zu machen, um sie an sich zu locken. Viele Millionen Mark gaben die Monopolisten für die Propaganda der Nazibetrüger.

Gleichzeitig war es die Aufgabe dieser Partei, gegen die Kommunisten und gegen die Sowjetunion zu hetzen, das heißt, gegen die, die wirklich für die Werktätigen kämpften und die darum die ärgsten Feinde der Monopolisten, der Militaristen und Imperialisten waren. Und nicht einfach zu hetzen:

Sie organisierte den Terror – die Gewalt, Schlägereien, Erschießungen – gegen alle fortschrittlich gesinnten Menschen, und sie bereitete die Menschen auf den Krieg gegen die Sowjetunion vor.

Die Monopolisten gaben das Geld für die Uniformen und die Bewaffnung der Nazihorden.

Dabei galt es natürlich auch, von der Schuld der Monopolisten an der Krise abzulenken, die Schuld auf

andere zu schieben, zum Beispiel auf die Juden oder auf die Bolschewisten.
Als der Einfluß der Kommunisten aber immer weiter wuchs, da brachten die Monopolisten die Nazipartei an die Regierung und errichteten die offene faschistische Diktatur.
Mit einem ungeheuren Terror, mit Konzentrationslagern und tausendfachem Mord zeigte der Monopolkapitalismus sein wahres bestialisches Gesicht.
Zuerst wurde die Kommunistische Partei verboten – dann alle anderen Parteien. Zuerst wurden die Zeitungen der Kommunisten abgeschafft, dann die aller anderen Parteien. Zuerst wurden die Bücher der Kommunisten verbrannt, dann die aller anderen anständig denkenden Schriftsteller und Wissenschaftler. Zuerst wurden Kommunisten in Konzentrationslager gesperrt, zu Tode geprügelt, erschossen, gehenkt oder mit dem Beil enthauptet, und ihnen folgten viele andere mutige Kämpfer für Fortschritt und Frieden aus allen Schichten des Volkes, Arbeiter, Bauern, Lehrer, Wissenschaftler, Künstler, Geistliche und Handwerker.
Die Barbarei triumphierte in Deutschland – alles Edle, alle menschliche Kultur sollte vernichtet werden.
Unermüdlich, allen Gefahren zum Trotz, kämpften die Kommunisten und mit ihnen viele andere, ehrlich dem Fortschritt ergebene Menschen gegen den Faschismus.
Aber die Faschisten erwiesen sich zeitweilig als die Stärkeren.
Zwei Hauptziele verfolgten die Monopolisten mit ihrer

faschistischen Diktatur. Sie wollten erstens die »kommunistische Gefahr« im eigenen Land beseitigen; deshalb mußten sie alles Fortschrittliche unterdrücken, denn jeder Fortschritt mußte zum Kommunismus führen. Zweitens wollten sie die Weltherrschaftspläne der Monopolisten, die im ersten Weltkrieg gescheitert waren, nun in einem neuen Weltkrieg verwirklichen.

Der wirtschaftliche Aufschwung, der nach dem Ende der Krise im Jahre 1932 einsetzte, wurde von den deutschen Monopolisten für die Vorbereitung des Krieges, für eine ungeheure Aufrüstung genutzt. Gleichzeitig wurden die Menschen mit einer wüsten Hetze gegen die Sowjetunion auf den Krieg vorbereitet.

Dafür hatte der deutsche Faschismus die Unterstützung der Monopolisten Englands, Frankreichs und vor allem der Vereinigten Staaten.

Denn wer gegen die Kommunisten vorgeht, wer gegen die Sowjetunion hetzt, der hat die Monopolisten aller Länder auf seiner Seite.

So halfen alle Monopolisten den japanischen Imperialisten, als sie 1932 China überfielen, 1935 den italienischen Faschisten gegen Abessinien und den deutschen Faschisten, als sie 1936 Truppen nach Spanien sandten, um dort die Faschisten an die Macht zu bringen, als sie Österreich 1938 und dann die Tschechoslowakei besetzten.

Allerdings wurde es mit der Zeit den Monopolisten anderer Länder unheimlich, zuzusehen, wie stark die deutschen Monopolisten allmählich wurden.

Die Sowjetunion erkannte, daß von seiten des deutschen Imperialismus ein neuer Weltkrieg drohte. Sie schlug den anderen Ländern vor, ein Bündnis zu schließen gegen jeden, der ein anderes Land überfallen will. Aber das wollten die Monopolisten nicht. Im Gegenteil, sie wollten, daß Hitler gegen die Sowjetunion zieht. Sie hofften, die lachenden Dritten zu sein.
Als die Sowjetunion sah, daß alle Bemühungen, den Krieg zu verhindern, vergeblich waren und als Hitler der Sowjetunion einen Nichtangriffspakt vorschlug, da ging die Sowjetunion auf diesen Vertrag ein. Sie war fest entschlossen, ihn zu halten, und so zumindest den Völkern der Sowjetunion den Frieden zu sichern.
Und nun überfiel Hitler die anderen Länder. Polen wurde erobert und Frankreich, Holland, Belgien, Dänemark und Norwegen; die englische Armee, die nach Frankreich gesandt worden war, wurde vom Kontinent vertrieben.
Dann machte sich Hitler an die Eroberung Jugoslawiens, Rumäniens und Griechenlands. Die Regierungen Ungarns und Bulgariens erklärten sich für Hitler.
Hitler hatte fast den ganzen europäischen Kontinent unterjocht.
Da, unter Bruch des Nichtangriffsvertrages, ohne Kriegserklärung, zogen die deutschen Truppen am 22. Juni 1941 gegen die Sowjetunion, und damit war der zweite Weltkrieg entschieden.
Der deutsche Faschismus mußte ihn verlieren.

ACHTES KAPITEL

Zwei Lager – Zwei Gesellschaftsordnungen

Freiheit oder Barbarei?

Durch die gemeine, hinterhältige Plötzlichkeit des Überfalls mitten im Frieden gelang es den deutschen Faschisten zuerst, weit in das Sowjetland einzudringen. Im Winter 1941 standen sie vor Moskau, und großsprecherisch verkündeten sie bereits den völligen Zusammenbruch der Sowjetunion.

In dieser schwierigen Situation sagten die Menschen, die die Gesetzmäßigkeiten in der Geschichte der Menschheit kennen – die Marxisten: Die Sowjetunion wird das faschistische Deutschland besiegen.

Woher nahmen die Marxisten diese Zuversicht?

Der Faschismus ist der reaktionärste, der rückschrittlichste Vertreter des alten, untergehenden Systems des Monopolkapitalismus. Die Sowjetunion aber vertritt das Neue, das Fortschrittliche.

Einst, in den Jahren 1918 bis 1922, zur Zeit der Interventionskriege der vierzehn Staaten, war die Sowjetunion noch schwach, so sagten die Marxisten, und dennoch hat mit ihr das Neue gesiegt. Jetzt, im Jahre 1941, ist die Sowjetunion bereits stark. Und wenn das Überraschungsmoment des Überfalls überwunden sein wird, dann wird die Sowjetunion ganz bestimmt,

gesetzmäßig, den Sieg über die von der ganzen Welt gefürchtete faschistische Militärmaschine erringen.
Die Sowjetmenschen, so sagten die Marxisten weiter, kämpfen für das Glück und die Freiheit ihres Landes, sie kämpfen für eine gerechte Sache, und darum kämpfen sie viel besser als die Faschisten.
Die Sowjetmenschen kämpften aber nicht nur für das Glück ihres eigenen Landes, sondern für die Befreiung der ganzen Menschheit von der Gefahr der faschistischen Unterdrückung. Denn Hitlerdeutschland strebte nach der Weltherrschaft.
In diesem Krieg ging es um das Schicksal aller Völker, um das Schicksal der Menschheit.
Freiheit oder Barbarei – vor dieser Entscheidung standen die Völker der Erde.
Und weil die Sowjetmenschen für diese großen Ziele kämpften, konnten sie alle Schwierigkeiten überwinden.
Die Marxisten wußten auch, daß die Sowjetunion – nachdem fast drei Fünfjahrpläne erfüllt waren – aus einem rückständigen Agrarland zum zweitstärksten Industrieland der Welt geworden war.
Die deutschen Monopolisten und Kriegshetzer aber, die genauso wie die der anderen imperialistischen Länder über die »Hirngespinste« der sowjetischen Fünfjahrpläne gespottet hatten, wurden nun das Opfer ihrer eigenen Propaganda. Sie verrechneten sich in der Wirtschaftskraft der Sowjetunion und hatten auch keine Ahnung von der heldenhaften Kampfbereitschaft der sowjetischen Menschen.

Und noch eines erkannten die Marxisten. Nämlich, daß ein Land, in dem die Produktionsmittel dem Volk gehören, seine Wirtschaft, sein ganzes Leben viel rascher auf die Erfordernisse des Krieges umstellen kann als jedes kapitalistische Land.
Es gab keinerlei Profitinteressen, keine Konkurrenzgründe, die hindernd im Wege standen.
Armee und Hinterland, Industrie und Landwirtschaft gaben das Letzte, um die faschistischen Eindringlinge zu besiegen.

Sowjetunion nicht mehr allein

Die Sowjetarmeen vertrieben die faschistischen Eindringlinge aus dem Sowjetland, verfolgten sie weiter nach Deutschland und vernichteten im Jahre 1945 die faschistische Wehrmacht. An der Elbe trafen die Armeen der Sowjetunion mit den verbündeten amerikanischen, englischen und französischen Truppen zusammen.
Die Welt war, vor allem durch die Siege der Sowjetunion, vor der Barbarei gerettet.
Und mit der Sowjetunion, in der Gestalt der Sowjetunion siegte die sozialistische Gesellschaftsordnung.
Eine Welle der Begeisterung für die Sowjetunion ging durch alle Länder der Welt. Keine Verleumdung, keine Lüge über die Sowjetunion konnte mehr den Eindruck verlöschen, den ihre Taten gemacht hatten. Besonders

die Völker, die das faschistische Joch erlebt hatten, jubelten ihren sowjetischen Befreiern zu. Die meisten von ihnen vertrieben ihre eigenen Ausbeuter, die so häufig mit den Faschisten zusammengearbeitet hatten, und bildeten Regierungen des Volkes.
Aus dem einen Lande, das nach dem ersten Weltkrieg, umgeben von feindlichen kapitalistischen Mächten, allein den Sozialismus aufbauen mußte, war eine sozialistische Völkerfamilie geworden – das Lager des Sozialismus.
Aber nicht nur in Europa siegte das Neue in so vielen Ländern.
In Asien war Korea von der Herrschaft der japanischen Imperialisten befreit worden.
Vier Jahre nach Beendigung des zweiten Weltkrieges hatte das chinesische Volk seine Unterdrücker verjagt – Volks-China entstand, ein Land mit 600 Millionen Menschen, ein Land so reich an noch nicht entwickelten Produktivkräften, so groß an moralischen Qualitäten, so begnadet mit alter Kultur!
Und weitere vier Jahre später entstand im Kampf gegen die französische Kolonialherrschaft die Volksdemokratie Vietnam.
Das Lager des Sozialismus zählte nun fast eine Milliarde Menschen – ein Drittel der Menschheit.
So wie im Jahre 1917, während des ersten Weltkrieges, in Rußland der Sieg der Arbeiterklasse das Ergebnis der gesetzmäßigen historischen Entwicklung war, so war auch im zweiten Weltkrieg der Sieg des Sozialismus in

zahlreichen anderen Ländern die Folge gesetzmäßiger historischer Entwicklung.

Der Imperialismus schrumpft

In fast allen Ländern Osteuropas hatten die Imperialisten im Gefolge des zweiten Weltkrieges Macht und Einfluß gänzlich verloren.
Aus dem volkreichsten Land der Welt, China, waren sie vertrieben worden.
Wie war der Imperialismus in seiner Kraft und Stärke geschrumpft!
Und mehr noch: Überall in Asien und Afrika, wo die imperialistischen Kolonien lagen, begannen die Völker Befreiungskämpfe gegen die Herrschaft der Monopole.
Das große Indien mit 400 Millionen Einwohnern und das kleine Gebiet der Goldküste mit einem Hundertstel der indischen Einwohnerzahl, Burma im Fernen Osten und Ägypten im Nahen Osten, Ceylon, das auf über 1000 Jahre feudale Kultur zurückblicken kann, und Kenya, wo noch so viele Menschen nahe der Urgemeinschaft leben und denken – sie alle nahmen den Kampf gegen den Imperialismus auf und haben schon so manchen Sieg errungen.
Das imperialistische Kolonialreich zerbröckelt.
Wie ein schwerverwundeter Tiger begann das Monopolgesindel in der ganzen Welt zu rasen.

Die Monopolisten Amerikas, die mächtigsten Monopolisten der kapitalistischen Welt, erkannten sehr wohl, daß der Weltkrieg ihnen eine starke Stellung im kapitalistischen Lager gegeben hatte, weil der Krieg große Schäden in Deutschland und Frankreich wie auch in England angerichtet hatte. Sie erkannten aber auch, daß der Weltkrieg eine große Schwächung für alle Monopole gebracht hatte, weil die Sowjetunion durch ihre heldenhaften Kämpfe ungeheures Ansehen bei allen Völkern gewonnen hatte und weil ein ganzes sozialistisches Lager entstanden war.
Sie gingen darum sogleich an die Vorbereitung eines neuen, eines dritten Weltkrieges. Wie nach dem ersten Weltkrieg begannen sie auch nach dem zweiten die besiegten deutschen Monopole wieder stark zu machen.
In dem von den Sowjettruppen besetzten Teil Deutschlands konnten die deutschen Antifaschisten unter Führung einer geeinten Arbeiterklasse, geleitet von der Sozialistischen Einheitspartei, ein friedliebendes demokratisches Deutschland aufbauen, das bald die Grundlagen einer sozialistischen Gesellschaft legte und sie heute auf diesen Grundlagen aufbaut.

Im Westen Deutschlands aber wurde die alte kapitalistische, monopolkapitalistische Gesellschaftsordnung wiedererrichtet. Faschistische Politiker, faschistische Generäle sitzen von neuem in wichtigen Stellungen. Die Kommunistische Partei ist in Westdeutschland

wie unter dem Faschismus verboten. Wieder wird gegen die Sowjetunion gehetzt, wieder wird zum Krieg gerüstet.
Auch von den englischen, französischen, holländischen, belgischen, schwedischen, norwegischen Monopolen und denen noch vieler anderer Länder verlangten die amerikanischen Monopole die schnelle Vorbereitung eines dritten Weltkrieges. Es wurden Vereinigungen von Ländern gegründet, wie die NATO und die SEATO, die die Aufgabe haben, den Angriff auf die Sowjetunion so vorzubereiten, daß die Armeen der verschiedenen Länder unter einheitlichem Kommando stehen, einheitliche Waffen benutzen, eine einheitliche Strategie und Taktik haben.
Das heißt, aus dem kapitalistischen Lager machten die amerikanischen Monopole ein imperialistisches Kriegslager – gegen die Sowjetunion, gegen das sozialistische Lager, gegen die internationale Arbeiterklasse.
Gleichzeitig aber geht in diesem Kriegslager selbstverständlich der Kampf der Monopole untereinander weiter.

Das Neue zeigt seine Kraft

Wie ganz anders sieht es im sozialistischen Lager aus! Wahrlich man kann sagen: zwei verschiedene Gesellschaftssysteme – zwei verschiedene Welten.
Alle Anstrengungen richtet das sozialistische Lager

auf die Entwicklung der Produktivkräfte, auf die Steigerung der Produktion zum Wohle der werktätigen Menschen.
Überall entstehen unter den Händen der Werktätigen neue Betriebe, kräftige Industrien entfalten sich. Aus Bauern werden technisch gebildete landwirtschaftliche Fachleute. Aus Industriearbeitern werden Ingenieure und Werkleiter. Neue Städte wachsen empor mit Industrien, die das Land bisher noch nicht gekannt hat.
In die Landwirtschaft dringt die Maschine ein, und die Erträge des Bodens nehmen zu.
Neue, größere, kompliziertere, die Arbeit immer weiter erleichternde Maschinen werden erfunden. Man lernt die Atomenergie nützen, und es werden die ersten automatischen Fabriken gebaut. Aus den Arbeitern, die schwer mit ihren Händen, mit ihrem ganzen Körper arbeiten mußten, werden Kontrolleure der Maschinen, Kontrolleure, die mit dem Kopf arbeiten.
Die Produktion der Sowjetunion steigt viermal schneller als die der USA. Jahr für Jahr überholt die Sowjetunion das am weitesten fortgeschrittene Industrieland des Kapitalismus, die USA, in diesem oder jenem Industriezweig. 1958 wurde in der Sowjetunion mehr Kohle gefördert als in den Vereinigten Staaten. 1959 übertraf die UdSSR den amerikanischen Werkzeugmaschinenbau. Auch im Bau von Wasserkraftwerken steht die Sowjetunion an erster Stelle in der Welt. Amerikanische Fachleute und Abgeordnete des Parla-

ments, die im Jahre 1959 die Sowjetunion besuchten, mußten diese Tatsachen anerkennen.
In den nächsten 15 bis 20 Jahren wird die Sowjetunion imstande sein, die von Lenin gestellte Aufgabe der durchgehenden Elektrifizierung des ganzen Landes zu verwirklichen, sagte der sowjetische Ministerpräsident Chruschtschow Ende 1959 auf der Unionskonferenz für den Kraftwerksbau. Die Stromerzeugung wird in dieser Zeit auf das Sieben- bis Achtfache wachsen und die aller anderen Länder übertreffen.
Die Sowjetunion, die Siegerin im Weltkrieg, wird auch zur Siegerin im friedlichen Wettstreit der beiden Systeme.
Wie die Zukunft dieses friedlichen Wettstreits aussehen wird, zeigt sich auch in folgendem: Im Jahre 1960 beenden in der Sowjetunion rund 120 000 Ingenieure ihre Ausbildung, doppelt so viele wie in den USA. Und bald wird diese Bildungsüberlegenheit noch größer sein, denn im selben Jahre 1960 haben dreimal so viele Studenten an den Hoch- und Fachschulen der UdSSR das Studium aufgenommen wie in den USA.
Aus eigener Kraft und dank der Hilfe der Sowjetunion steigt die Industrieproduktion auch in den anderen sozialistischen Ländern schnell an. Die volksdemokratischen Länder, die früher zumeist zurückgebliebene Agrarländer waren, haben sich bereits in Industrieländer oder in fortgeschrittene Agrarländer mit entwickelter Schwerindustrie verwandelt.
Natürlich ging nicht alles reibungslos vonstatten, es

gab Rückschläge und Schwierigkeiten. Manchmal fehlte es an diesem oder jenem Material infolge des feindlichen Verhaltens der imperialistischen Länder, die keine Ware lieferten. Auch mußten die Arbeiter und Bauern erst planen und regieren lernen.

Es kam vor, daß sie manches nicht gleich richtig machten, genau wie Schüler in der Schule auch Fehler machen. Kommen doch Schüler bisweilen mit einer Vier oder Fünf nach Hause, aber wenn man das Ganze überblickt – wenn die Schüler nach zehn Jahren die Schule beendet haben, dann hat jeder von ihnen, trotz einzelner Vieren oder Fünfen, viel gelernt und tritt als reiferer und wissender Mensch in das Leben.

Und ähnlich ist es auch bei den jungen sozialistischen Staaten. Trotz mancher Mängel und Schwächen im einzelnen wachsen sie als starke sozialistische Länder voll froher und reifer Menschen auf.

Immer mächtiger und schneller schreitet das sozialistische Lager voran. Obgleich die Länder des Sozialismus nur den vierten Teil des Territoriums der Erde einnehmen, obgleich sie fast alle in der Vergangenheit rückständige Länder waren, werden sie nach Vollendung des ersten Siebenjahrplanes, also spätestens im Jahre 1965, über die Hälfte der Industrieproduktion der Welt erzeugen!

Kann es einen besseren Beweis dafür geben, was die von kapitalistischen Fesseln befreiten Produktivkräfte im Sozialismus vermögen! Und in welch kurzer Zeit! Im Jahre 1917 schrieb die französische Zeitung »Le

Matin«: »Die Liquidierung des bolschewistischen Abenteuers ist eine Frage weniger Tage, vielleicht sogar weniger Stunden.«

Millionen Menschen glaubten damals diese »Prophezeiung«.

Ein Jahr später schrieb die englische Zeitung »Daily Telegraph«: »Die sowjetische Regierung kann jeden Augenblick aufhören zu existieren, und kein vernünftiger Mensch wird ihr mehr als einen Monat geben.«

Nach über vierzig Jahren sind schon viele dieser »vernünftigen« Menschen gestorben, aber die Sowjetunion und der Sozialismus haben ihre Lebenskraft bewiesen.

Und Millionen Menschen lesen heute ganz andere Dinge über die Sowjetunion. Die amerikanische Zeitung »New York Times« schrieb 1959: »Da das sowjetische Entwicklungstempo doppelt so hoch ist wie das amerikanische, kann man leicht schlußfolgern, daß die Sowjetunion bis 1965 für die Entwicklung der Wirtschaft viel mehr Mittel bereitstellen wird als die Vereinigten Staaten von Amerika.«

Sozialistische Zusammenarbeit und imperialistische »Hilfe«

Der Unterschied des sozialistischen Lagers zum Lager der Imperialisten zeigt sich aber noch auf einem anderen Gebiet: in der Art der Zusammenarbeit.

Kredite und Anleihen zwischen den kapitalistischen Ländern sind stets mit wirtschaftlichen und politischen Bedingungen verknüpft. Der Stärkere diktiert dem Schwächeren, oder es ist zwischen ihnen ein ewiges Gefeilsche und Geraufe.

Ganz anders ist das Verhältnis zwischen den Ländern des Sozialismus. Jeder Erfolg des einen Landes ist ein Erfolg des anderen. Die Hilfe ist gegenseitig und uneigennützig.

Als zum Beispiel die westdeutschen Imperialisten der Deutschen Demokratischen Republik die vereinbarten Lieferungen von Kohle und Eisen gleichsam über Nacht verwehrten, da halfen sofort die Sowjetunion und die Volksrepublik Polen, obgleich auch sie jede Tonne Kohle und das Eisen gut gebrauchen konnten.

Die sozialistischen Länder schufen sich einen »Rat für gegenseitige Wirtschaftshilfe« und stimmen auch die Volkswirtschaftspläne miteinander ab. So kann jedes einzelne sozialistische Land auf die Hilfe des gesamten sozialistischen Lagers rechnen.

Die Sowjetunion insbesondere ist es, die selbstlos allen anderen hilft. Sie hat vor ihren Freunden keine Geheimnisse. Sie stellt nicht nur Material und Maschinen zur Verfügung, sie schickt ihre Techniker und Ingenieure und gibt unentgeltlich wichtige Konstruktionsunterlagen her.

Ein Beispiel nur – tausende könnten wir geben – zeigt uns deutlich, wie unterschiedlich es in den beiden Lagern zugeht.

Im Lager des Imperialismus gibt es ein kleines, aber wichtiges Ölland – Iran. Die Förderung des Erdöls besorgt dort die »Anglo-Iranian-Oil-Company«, eine Aktiengesellschaft, die von amerikanischen und englischen Kapitalisten beherrscht wird und ihnen riesige Profite einbringt. Im iranischen Ölgebiet hat der iranische Staat nichts zu sagen, und die »Company« hat ihre eigene Polizei. Kein Iraner darf eine eigene Ölgesellschaft gründen, und der Bau von Öltürmen und von Maschinen zur Ölförderung ist den Iranern in ihrem eigenen Land von den Imperialisten verboten.
So sieht die »Hilfe« des Imperialismus an die schwächeren Länder aus!
Im sozialistischen Lager gibt es ebenfalls ein kleines, aber wichtiges Ölland – Rumänien. Die Sowjetunion half Rumänien nicht nur, die von den Faschisten zerstörten Ölgebiete instand zu setzen und lieferte an Rumänien wichtige Maschinen für die Erdölförderung. Sie half Rumänien auch, eigene Betriebe zur Herstellung von Bohrtürmen und Fördermaschinen zu errichten.
So sieht die Hilfe der Sowjetunion aus für ein Land, das schwächer ist als sie.
Es ist eine Gesetzmäßigkeit der sozialistischen Gesellschaftsordnung, daß die von den Fesseln kapitalistischer Ausbeutung befreiten Produktivkräfte in schnellem Tempo wachsen und die Produktion steigern. Und ebenso ist es gesetzmäßig, daß die sozialistischen Länder sich in einem Verhältnis der brüderlichen Hilfe gegenüberstehen.

Es ist eine Gesetzmäßigkeit im imperialistischen Lager, daß sich die Monopole im gegenseitigen Konkurrenzkampf gegenüberstehen, daß Krisen und Kriege Produktivkräfte vernichten und daß einer den anderen in seiner Entwicklung zu hemmen versucht.

Der gute, der fortschrittliche Mensch wird siegen!

In der Mitte des zwanzigsten Jahrhunderts schreitet der technische Fortschritt immer rascher voran – auch, trotz aller Hemmungen, in den kapitalistischen Ländern; auch in Amerika gibt es automatische Fabriken, auch dort wurde die Atomenergie gebändigt.
Und doch zeigt sich gerade beim Vergleich des technischen Fortschritts wieder der ganze Unterschied zwischen dem Lager des Sozialismus und dem Lager der Kriegshetzer und Monopole.
Betrachten wir die Atomenergie.
Wozu benutzen die Kapitalisten sie? Doch in erster und zweiter und dritter Linie als Zerstörungsmittel. Die Atomenergie in der Bombe soll ganze Städte und Industrien, soll Millionen Menschen, Männer, Frauen und Kinder mit all ihrer Liebe zum Leben und zur Arbeit, mit all ihren Erfahrungen im Aufbau eines guten sozialistischen Lebens vernichten. Träume von einer schöneren Zukunft, große Erfindungen, gute Romane, wissenschaftliche Bücher über Medizin und Wirt-

schaft, schöne Bilder und Verse – all das soll vernichtet werden.

So verwenden die Monopole den technischen Fortschritt, die bedeutenden Ergebnisse der Wissenschaft. Selbstverständlich muß unter solchen Umständen auch die Sowjetunion Atombomben zum Schutze des Sozialismus herstellen. Aber nicht von immer größeren Bomben träumen die Menschen des sozialistischen Lagers, wie es die militaristischen Monopolisten tun. Wir im sozialistischen Lager bauen Elektrostationen mit Atomenergie, wir träumen von Straßen in den Städten, die mit Atomenergie geheizt sind, von Feldern, die, wie Treibhäuser, Wärme ausstrahlen und die Ernten reicher gestalten, ja, mehrmals im Jahre Früchte reifen lassen.

Die Vereinigten Staaten von Amerika und die Sowjetunion haben die Atomenergie auch zum Antrieb von Schiffen angewandt. Die Amerikaner haben ein Unterseeboot, ein Kriegsschiff mit atomenergetischem Antrieb gebaut. Die Sowjetunion hat einen Eisbrecher gebaut, der den nördlichen Seeweg auch im Winter schiffbar macht, der in Eisnot geratene Schiffe befreit und große Hilfe bei der Polarforschung leistet.

Nur noch, wenn sie an Krieg und Vernichtung denken, können die Monopole technischen Fortschritt großen Ausmaßes zulassen. Alles andere erscheint ihnen unprofitabel. Fast nur für Kriegsforschung stellt der von den Monopolisten beherrschte Staat Geld zur Verfügung. Immer neue Milliarden Dollar werden durch

Steuern den Werktätigen erpreßt, um die Forschung auf dem Gebiete der Vernichtungsmittel voranzutreiben.
Und doch, trotz aller Milliarden, bleiben selbst auf dem Gebiet der Rüstungstechnik die amerikanischen hinter den sozialistischen Forschern zurück. Denn Einseitigkeit in der Forschung bringt immer Zurückbleiben.
Es ist kein Zufall, sondern entspricht den Regeln wissenschaftlicher Entwicklung, daß der erste Erdtrabant, daß der erste Sonnentrabant von Sowjetwissenschaftlern entwickelt wurde. Und ebensowenig ist es Zufall, daß interkontinentale Raketen, die die Strecke zwischen der Sowjetunion und den Vereinigten Staaten überqueren können, zuerst in der Sowjetunion hergestellt wurden.
Ganz ähnlich steht es mit der automatischen Fabrik. Auch in Amerika gibt es solche Fabriken. Wo früher 200 Arbeiter beschäftigt waren, sind es jetzt vielleicht nur noch 10, und an die Stelle von 2000 Arbeitern treten kaum mehr als 100.
Was aber geschieht mit den Arbeitern, die nicht mehr in der Fabrik gebraucht werden?
Nun, wenn die Fabrik sie nicht gebrauchen kann, dann kann die Gesellschaft sie auch nicht gebrauchen. Sie sind überflüssig geworden. Die automatische Fabrik hat sie arbeitslos gemacht.
Die automatische Fabrik, dieser große technische Fortschritt, ist ein Unglück für die Arbeiterklasse in der kapitalistischen Gesellschaft.
Wir sind gewohnt, daß in der Ausbeutergesellschaft

die Ausgebeuteten für den technischen Fortschritt zahlen müssen. Aber wie haben sie früher zahlen müssen? Mit mehr Arbeit, mit längerer Arbeit oder mit intensiverer, angestrengterer Arbeit. Stets waren sie jedoch ein Teil der Gesellschaft geblieben.

Im Imperialismus aber vertreibt der technische Fortschritt die Menschen aus der Gesellschaft, weil er sie als Produktivkräfte ausschaltet, weil er ihnen die Möglichkeit nimmt, zu arbeiten.

Der Kapitalismus fault, er stirbt ab, er verwundet sich selbst durch seine eigenen Fortschritte. So, wie die untergehende Gesellschaftsordnung der Sklavenhalter sich selbst verwundete, indem sie Sklaven freiließ, mit denen sie nichts mehr anfangen konnte, so tut es der Imperialismus, indem er Millionen Arbeiter, mit denen er nichts mehr anfangen kann, »freiläßt«, sie arbeitslos macht und sie damit aller Existenzmöglichkeiten beraubt.

Doch der sterbende Kapitalismus will bei seinem Untergang die ganze Welt mit in den Abgrund reißen. Deshalb muß die Arbeiterklasse, müssen alle friedliebenden Menschen im Interesse der Zukunft der Menschheit dem System der Monopole so schnell wie möglich ein Ende bereiten.

Wie aber ist die Wirkung der automatischen Fabrik im sozialistischen Lager?

Auch dort treten an die Stelle von 2000 Arbeitern wenig mehr als 100 in einer solchen Fabrik.

Und was geschieht mit den anderen Arbeitern?
Nun, natürlich werden sie anderswo produktiv eingesetzt. Soll doch die Produktion laufend steigen, um das Leben immer reicher zu gestalten! Im sozialistischen Lager gibt es keine Überproduktionskrisen – höchstens Ärger, daß von diesem und jenem noch nicht genug für alle Bedürfnisse der Menschen produziert wird.
Doch nicht notwendigerweise muß jede frei werdende Kraft für die Produktion eingesetzt werden. Denn nicht nur immer mehr Güter dienen der Verbesserung des Lebens. Auch die Zeit der Muße, in der wir lesen, mit der Familie zusammen sind, malen und musizieren, spazierengehen, ein Theaterstück sehen, schreiben oder tanzen, auch diese Zeit soll unter dem Sozialismus an Raum im gesellschaftlichen Leben gewinnen.
Von Zeit zu Zeit, von Industrie zu Industrie, in der Verwaltung und im Handel wird die Länge des Arbeitstages verkürzt, werden Freizeit und Urlaub verlängert. Immer vielseitiger wird der Mensch, immer reicher entfalten sich seine Gaben. Er vereint in sich manuelle und geistige Tätigkeit, industrielle und landwirtschaftliche, wissenschaftliche und kulturelle Arbeit. Die jahrtausendealten Spaltungen, die Spezialisierungen auf Kosten der Entwicklung a l l e r Fähigkeiten – notwendig in früherer Zeit, weil die Produktivkräfte noch so schwach entwickelt waren – verschwinden, und es entsteht der sozialistische Mensch, das stolze, würdige Produkt langer gesellschaftlicher Entwicklung.

Staatsmänner sind Arbeiter, Arbeiter sind Dichter, Bürgermeister gehen am Nachmittag in die Fabrik, und Fabrikarbeiter sind am Vormittag im medizinischen Laboratorium tätig.

Das ist das große Resultat der Menschheit, begonnen in der Zeit, als der Knüppel ein Hauptproduktionsmittel war, bis zu der Zeit, in der alle Fabriken automatisiert sein werden.

Zweierlei Gesetzmäßigkeiten beherrschen heute noch unseren Erdball: die Gesetzmäßigkeiten der kapitalistischen Welt, in der militaristische Monopole um steigender Profite willen einen neuen Weltkrieg vorbereiten wollen – und die Gesetzmäßigkeiten der sozialistischen Gesellschaft, in der wir alle am friedlichen Aufbau zum Wohle der Menschheit arbeiten.

Welche Gesetzmäßigkeiten werden siegen?

In der Geschichte der Menschheit hat immer die Gesellschaftsordnung gesiegt, die den Fortschritt, die die höhere Produktivkraft bedeutete.

Keiner, der die Geschichte kennt, kann daran zweifeln, welche Gesellschaftsordnung siegen muß und siegen wird. Nicht mehr lange wird es dauern, bis alle Völker der Welt den Sozialismus aufbauen.

Und dann wird man sagen können: Der gute, der fortschrittliche Mensch hat gesiegt!

Michail Iljin:

5 JAHRE, DIE DIE WELT VERÄNDERN.

Erzählung vom großen Plan

Taschenbuch, 197 Seiten, 6,00 €

Was war die Sowjetunion? Kann die sozialistische Planwirtschaft funktionieren oder denkt der Mensch nur an sich? Diese und viele weitere Fragen hilft dieses Buch zu beantworten. In äußerst eindrucksvoller und leicht verständlicher Weise schildert Iljin die Ereignisse rund um den ersten Fünfjahrplan der Sowjetunion. Er beschreibt den ersten Versuch, die Wirtschaft eines so riesigen Landes im Interesse der Menschen und durch die Werktätigen zentral zu planen und zu leiten. Wir erfahren, auf welche Weise dieses „Wunder" vollbracht wurde, wie die Sowjetmenschen das geschafft haben, wovon Kleinbürger und Großbourgeois sagten und sagen, dass es unmöglich sei.

Heinrich Ernst Siegrist:

FÜR DIE WELT ARBEITEN.

Ein Lebensbild von Karl Marx

Taschenbuch, 198 Seiten, 6,00 €

Leseprobe aus dem Nachwort des Buches:

Eine kleine Gruppe war es, die vor mehr als hundert Jahren ihren Ruf: „Proletarier aller Länder, vereinigt euch!" in die Welt hinaus sandte [...]. War die Lehre von Karl Marx vor hundert Jahren nur das Wetterleuchten des großen sozialen Gewitters, das sich über der Welt zusammenzog, das Flammenzeichen, das der revolutionären Arbeiterschaft Weg und Ziel wies, so ist sie heute zur materiellen Gewalt geworden [...]. Karl Marx lebt. Er lebt in den Herzen aller Menschen, die Freiheit und Unabhängigkeit lieben. Und die prophetischen Worte von Friedrich Engels: „Sein Name wird durch die Jahrhunderte fortleben und so auch sein Werk", bestätigen sich mit jedem Tag.